KB175898

대 기 업 팀 장 ' 케 이 ' 의 일 기 로 훔 쳐 보 는

슬기로운 팀장생활

슬기로운 팀장생활

초판인쇄 2020년 8월 21일
초판 2쇄 2020년 10월 5일

지은이 김준학
펴낸이 채종준
기획 · 편집 신수빈
디자인 홍은표
마케팅 문선영 · 전예리

펴낸곳 한국학술정보(주)
주 소 경기도 파주시 회동길 230(문발동)
전 화 031-908-3181(대표)
팩 스 031-908-3189
홈페이지 http://ebook.kstudy.com
E-mail 출판사업부 publish@kstudy.com
등 록 제일산-115호(2000. 6. 19)

ISBN 979-11-6603-048-2 03320

대기업 팀장 '케이'의 일기로 훔쳐보는

슬기로운 팀장생활

김준학 지음

이담 Books

여는 글

> 66
>
> 기왕에 하는 팀장생활이라면
> 당신은 나보다 잘하길 바라는 마음으로...
>
> 99

위의 기사에 언급된 '차장이 팀장이 되어 업무를 진두지휘하고 있
다'는 사람이 바로 저자다. NCG는 KT의 인하우스컨설팅 부서로 본인
이 팀장이 되기 직전까지 근무했던 부서다. 기사의 내용대로 나는 NCG
에서 다양한 프로젝트를 수행했고, 차장임에도 불구하고 연중에 갑자기
팀장으로 발탁(?)되는 영광을 맛본 것이다. 3년이 지난 지금 생각해 보
면 '나'라는 팀장은 기사의 내용처럼 우리 부서를 진두지휘하지는 못한
것 같다. 굳이 이유를 찾자면, 준비가 덜 된 상태에서 팀장이란 자리를
덥석 문 것이 이유라면 이유일 것 같다.

문득 2002년 취업 당시를 떠올려 본다. 그때만 해도 이동통신 회사
는 모든 대학생들의 선망의 회사였다. 우연한 기회에 과 선배로부터 면

접 필살기를 전수받아 운 좋게 60명의 동기와 함께 현재 다니고 있는 이 회사에 입사했다. 동기들은 하나 같이 똑똑했고, 신호등 하나 없는 시골 출신인 나는 그런 잘난 동기들과 잘 나가는 회사 덕분에 스스로 '격'이 한층 높아졌다는 뿌듯한 생각 속에 신입 시절을 보냈다.

회사를 10년쯤 다녔을 때, 몇몇 해외파를 포함한 일부 동기들은 본인에게 더 잘 어울릴 법한 글로벌 컨설팅회사 등으로 이직했지만, 대부분의 동기들은 각자의 자리에서 '일 잘하는 실무자(Work Horse)'로 성실히 살아가고 있었다. 다들 팀장으로부터 주어진 일을 받아 군말 없이 일을 처리하던 시절, 난 동기 중에 최초로, 어쩌면 전체 회사에서 가장 어린 나이에 관리자가 되었다. 37살이라는 젊은 나이에 작은 그룹사의 경영지원실장으로 발령을 받게 된 것이다. KT 팀장들의 평균 연령이 50세 전후인 것을 고려하면 비록 계열사의 직책이라 할지라도 파격적이었다.

언뜻 보면 이 책이 성공한 회사원의 '자화자찬'이나 '무용담'이 아닐까 생각할 수 있겠지만 전혀 그렇지 않다. 이 책은 '생존기'에 가깝다. 남들보다 먼저 관리자가 되어 'OO장(長)'이라고 찍힌 폼 나는 명함과 한도 높은 법인카드를 받기는 했지만 몇 년이 지난 지금의 나를 보면 그때의 선택, 즉 '빨리 관리자가 된 것이 과연 잘 한 선택이었을까?'라는 물음에 긍정적으로 답하기에는 망설여지는 부분이 많다.

그나마 전 직원이 백여 명 수준이었던 그룹사에서의 '경영지원실장' 생활은 보람도 있고 즐거웠던 기억이 많다. 당시 경영지원실에는 경영기획팀과 인사팀의 두 팀이 있었다. 난 그 두 팀의 본연의 업무관리와 모기업과의 커뮤니케이션 업무를 담당했었다. 구성원들은 젊었으며, 역량 있는 국내외 개발자들은 일 자체를 즐기는 문화가 있었다. 인사 적체도 없었고, 사내정치도 없었다. 인원이 적었으므로 성과와 역량, 또는 시장가치를 반영한 개인별 연봉협상이 가능했던 조직이었다. 세간에서 '공룡기업'이라고 불리는 기업에서 1년간의 파견근무를 통해 규모가 작은 회사의 직장생활을 경험한 것은 지금도 내 인생에 큰 자산이 되어주고 있다. 그룹사 경영지원실장의 파견 생활을 마치고, NCG라는 조직의 실무 직원으로 복귀한 후에는 그룹사에서의 관리자 경험이 NCG라는 사내컨설팅 조직에서 컨설팅 업무를 수행하는 데 큰 도움이 되었다.

문제는 내 인생의 두 번째 관리자 생활로 이 책의 소재가 되는 본사에서의 팀장생활이다. 내가 다시 팀장이 된 때는 43살이 되던 해였다. 컨설팅부서에서 나름대로 일 잘하는 실무 직원으로 보람 있게 잘 지내고 있었는데, '팀장 자리'라는 '혹'한 제안에 '훅' 넘어간 것이다. 돌이켜 생각해 보면 가시밭길이 될 것 같은 조짐이 도처에 보였었지만 이번에는 본사의 팀장이 될 수 있다는 기대감에 냉정한 판단력을 잃었던 것 같다.

그 팀장 자리는 사내에서 소위 잘 나가는 팀장들은 거들떠보지 않는 자리였다. 나는 그 자리를 맡은 후에 가까이 지내는 회사 선후배들을 사석에서 만나면 한동안 이런 이야기를 했다. "괜히 팀장 한다고 했나 봐. 3무(無) 상태에서 팀장이 된 것은 정말 안 좋은 선택이었던 것 같아."

여기서 3무(無)란 업무를 모르고, 사람을 모르고, 조직을 모르는 것을 나 자신의 상태를 표현한 말이었다.

　제대로 준비도 안 된 상태에서 팀장들의 정글로 들어오니, 너무 막막했다. 내가 OO팀을 맡았다고 하면, 왜 사람들이 위로해줬는지는 본부 주간 회의 몇 번 만에 실감할 수 있었다. 내가 누구와 일하는지가 궁금한 사람들이 스마트폰의 업무용 앱으로 우리 팀의 조직구성원 면면을 보면서 혼잣말처럼 하던 '하나 같이 개성 넘치는 팀원들이네, 만만치 않겠어…'라는 말의 의미를 단 한 번의 회식으로 알 수 있었다.

　사실 선배들에게 조언도 많이 구해봤다. 팀장을 거쳐 임원이 된 선배 두 명과의 점심 자리가 생각난다.

　"형님들, 제가 어쩌다 갑자기 팀장이 되었는데, 막막하고 힘드네요."

　"김 팀장, 원래 회사에서 팀장이 가장 힘든 자리야. 팀장생활은 최대한 짧게 하는 게 좋아."

　선배들의 말처럼 3년이 지난 지금, 나는 팀장이 아니다. 그렇다고 임원이 된 것은 더더욱 아니다. 구구절절한 사연은 있지만, 결론적으로 다시 팀원이 되었다. 팀장을 내려놓고 나니 홀가분했고, 의외의 새로운 목표가 생긴 것은 위안이라면 위안인 것 같다.

　이 책은 내가 다니고 있는 회사를 기준으로 볼 때, 30대 후반에서 40대 초중반의 회사원들을 위한 책이다. 곧 있으면 팀장이 될 회사원들과 내가 그랬던 것처럼 좌충우돌하고 있을 초보 팀장들에게 미력이나마 도움이 될 만한 내용으로 픽션을 가미하여 작성해 보았다. 책의 전반부는 일기 형식이다. '케이'라는 가상 인물의 팀장생활을 통해 초보 팀장의 뇌 구조와 애환을 엿볼 수 있도록 구성했다. 후반부는 2020년대를 팀장의 이름으로 살아갈 분들에게 팁이 될 만한 내용을 담아봤다. 비록 나 자신은 선배들의 조언처럼 팀장을 잠깐하고 임원이 되지는 못했지만, 이 책을 보는 독자분들은 부디 고난의 팀장생활을 짧게 하시고 임원의 꽃길을 빨리 걸으시길 바란다.

목차

part

1

초보 팀장 분투기,
케이의 일기장

#
어쩌다 시작된
팀장생활

후배가 열어 준
팀장의 길

"선배님! 잠시 통화 좀 가능하십니까?"

"네, 민 차장님. 잘 지내죠? 오랜만이에요. 갑자기 어떤 일로?"

"네, 신사업본부에서 저희 경영지원본부에 팀장 할 만한 젊은 차장 몇 명을 소개해 달라고 하네요. 신사업본부장님께서 기존 팀장 중에 몇 명을 젊은 팀장으로 교체해서 분위기 쇄신을 하고자 하신답니다. 이미 그렇게 하시겠다고 사장님께도 보고하신 모양이에요."

"그래요? 난 여기서 실무자로 재미있게 잘 지내고 있는데, 정기인사 시기도 아니고 좀 갑작스럽긴 하네요."

"선배님도 이제 슬슬 회사에서 관리자 하실 때가 된 거 아닌가요? 높은 자리에 올라가서 저 같은 후배들도 키워 주셔야죠. 선배님 경력상 이번 플랫폼사업팀 팀장에 도전해봐도 좋을 것 같아서요."

"그럴까요? 전혀 생각지도 않은 상황이라 고민 좀 해봐야겠네요. 생각 좀 해보고 내일까지 의견 줘도 될까요?"

누구에게나 인생의 전환점이 되는 이벤트가 있다. 이 통화는 케이가 팀장생활을 시작하게 된 발단이 되었다. 민 차장은 케이가 교육팀에 있을 때 함께 팀원으로 지낸 후배다. 케이와 민 차장은 각각 교육팀을 떠나 컨설팅팀과 인사팀으로 발령을 받고 각자도생 중이었다. 고맙게도 민 차장은 신사업본부에 팀장 포지션이 오픈된 것이 나름대로 케이에게 도움이 되는 기회라 여겨 고급정보를 제공한 것이다. 그때 그 전화만 받지 말았더라면… 또는 그때 어딘가 가족들과 휴가를 즐기고 있었다면 이 글은 세상에 나올 수 없었을 것이다. 그때 팀장이 되지 않았을 테니까.

사실 케이는 평소 본인이 좋아하는 컨설팅 업무를 보람 있게 하고 있었다. 컨설팅부서에 근무하는 수십 명의 직원 가운데, 컨설팅을 통한 성과 창출은 몰라도 컨설팅업무 자체를 즐기고 좋아하는 것으로는 단연 첫 번째였다. 민 차장은 인사팀에서 직원 배치 업무를 하고 있었다. 조직 생활이란 게 친한 동료가 비서실과 같은 경영진과 가까운 거리에 있거나 인사, 재무와 같은 지원부서에 있으면 나름대로 고급정보도 많이 접할 수 있고, 예상하지 못한 기회를 접할 수도 있다. 케이는 민 차장 덕분에 갑자기 팀장 후보가 되는 기회를 얻었다.

케이는 본격적으로 고민을 하기 시작한다. '아~ 어떡하지? 한번 팀장직에 도전해 볼까? 어차피 나만 단수후보로 올리는 것도 아닐 텐데…' '아니지, 괜히 지금 팀장 하겠다고 하면, 지금 있는 팀의 팀장과 상무는 허락해 줄까?' '에라 모르겠다. 어차피 추천만 하는 거라고 하니까. 일단 추천하라고 하지 뭐. 만약 팀장으로 선발되면 현재 부서에서 안 보내 주기야 하겠어?'라며 짧은 시간에 앞으로 전개될 다양한 시나리오에 대해 생각해본다.

케이는 민 차장에게 연락해서 팀장 추천자 명단에 넣어 달라고 한다. 물론 인사팀의 팀원인 민 차장은 명단에 내 이름을 올릴 뿐이고, 인사팀 차원에서 후보들의 그간의 업무성과와 평판 등을 고려하여 최종 후보를 결정해서 신사업본부에 통보할 것이다. 앞으로 어떤 상황들이 펼쳐질지 기대 반 우려 반이다.

케이의 한마디
평소에 잘하자. 누가 내게 어떤 기회를 어떤 경로로 가져다 줄지 아무도 모른다.

시시했던 팀장 경쟁률 4:1과
평판 조회

"민 차장님, 신사업본부 팀장 선발은 어떻게 진행되고 있나요? 플랫폼사업팀 팀장 후보들은 어느 정도 정리가 됐나요?"

"아… 플랫폼사업 팀장 자리에 거론되는 사람은 케이 차장님을 포함해서 네 명 정도가 있는 것 같아요. 그 가운데에서 케이 차장님이 꽤 유력합니다."

팀장 후보로 추천된 사람은 네 명이라고 했다. 요즘 수십 대 일, 수백 대 일이 되는 입사경쟁률에 비하면 팀장 경쟁률 4:1은 어찌 보면 아무것도 아니다. 사실 케이 역시 17년 전 입사 지원 당시 108:1을 뚫고 입사했었다. 그때만 해도 이동통신사는 대학생들에게 선망의 직장이었는데…. 요즘은 케이가 다니고 있는 회사가 예전의 명성에 못 미치는 것 같아 다소 아쉽기도 하다.

비록 예상했던 것보다 경쟁률이 낮기는 해도 모르는 사람 수십 명과 경쟁하는 것보다 회사 내에서 아는 사람 몇 명과 경쟁하는 것이 훨씬 만만치가 않다. 나름의 안테나를 가동하여 입수한 경쟁자들의 면면은 다음과 같았다. 팀장을 교체하는 이유가 젊고 패기 있는 사람으로 조직쇄신을 하려고 하는 것이라 지원 또는 추천된 사람들은 모두 케이 같은 젊은 차장들이었다.

첫 번째 팀장 후보는 현재 신사업본부에서 근무하고 있는 야망 있는 A 차장이었다. 신사업본부 내부사정에 밝다는 장점이 있었지만, 신사업본부에서 근무를 하는 것이 오히려 독이 될 수도 있다는 얘기가 들렸다. 인사팀 나름대로 평판 조회를 진행하고 있는데 신사업본부 내에서 A 차장에 대해 부정적인 생각을 하는 사람들이 많았다고 한다.

두 번째 팀장 후보는 꼼꼼함을 자랑하는 재무실 소속의 B 차장이었다. B 차장은 신사업본부의 다수의 임원이 추천해서 후보명단에 올랐다. 나중에 알게 된 사실인데, 본인 스스로 팀장직을 고사했다고 한다. 팀장 제의를 거절한 이유는 두 가지였다. 어차피 지금 있는 팀에 있더라도 연말에 팀장 될 기회가 있는데, 무리해서 중간에 옮기지 않겠다는 생각과 플랫폼사업팀의 개성 넘치고 나이 많은 팀원들의 존재도 팀장직을 포기하는 데 영향을 준 것 같았다는 후문이다. 재무실에서 업무적으로 인정받으며 큰 스트레스 받지 않고 지내는데 굳이 업무도 생소하고 팀원들도 쉽지 않은 팀의 팀장으로 갈 필요가 없다고 판단한 모양이다.

세 번째 팀장 후보는 초고속 승진을 거듭해 온 사업기획팀의 C 차장이다. 케이를 포함하여 다른 팀장 후보 차장들은 40대 초반인데, C 차장만 30대다. 케이 역시 30대 후반에 그룹사이긴 해도 잠시 관리자의 역할을 맡아 본 적이 있었다. 여러 경로를 통해 추천받은 다른 후보들과 달리 C 차장은 어린 나이에도 불구하고 플랫폼사업팀의 팀장 자리가 공석이 된 것을 눈치채고, 본인 스스로 그 자리를 꿰차기 위해 관련 임원에게 어필했다고 한다.

결국 A 차장과 B 차장이 초반 경쟁 구도에서 제외되며, 플랫폼사업팀 팀장 자리는 케이와 C 차장이 경쟁하게 됐다. 그러면 이제부터 어떤 절차를 거쳐 팀장을 결정하게 될까?

케이가 다니고 있는 회사는 한 개 본부에 서너 명의 상무가 있고, 각 상무는 서너 개의 팀을 담당한다. 군대로 보면 1개 연대에 4개 대대가 있고, 1개 대대에 4개 중대가 있듯이 말이다. 본부장이 연대장 느낌이라면 상무는 대대장, 팀장은 중대장 정도가 될 것 같다.

딸랑 중대장 한 명 뽑는데, 연대장이 얼마나 많이 관여하겠는가? 본인이 그 자리에 앉히고 싶은 사람이 딱히 정해져 있지 않다면 말이다. 신사업본부의 본부장은 CEO에게 신사업본부의 경쟁력 강화 방안 중 하나로 젊은 차장급 직원을 팀장으로 영입하는 인적 쇄신을 진행하겠다고 보고했다고 한다. 그렇게 보고가 되었다면 본부장은 CEO에게 본인이 담당하는 조직의 인적 쇄신에 대한 큰 그림을 보고했으니, 뒷단의 사람을 뽑는 일은 본부장 밑에 있는 상무들이 알아서 할 일이다.

이제 신사업본부 플랫폼사업팀장 후보는 두 명으로 좁혀진 상태다.

케이와 C 차장. 이 둘을 대상으로 다음의 3단계를 거쳐 팀장을 결정하게 된다.

1단계는 인사카드를 점검한다.

두 명 모두 공채 출신으로 회사경력이 십 년이 훌쩍 넘어가므로 인사데이터로 확인 가능한 기본적인 스펙과 그간의 업무 경험, 인사평가자의 평가의견 등으로 소위 '깜'이 되는 사람인지를 판단한다. 징계와 같은 큰 문제가 드러나지 않는 한 참고자료로만 활용될 뿐, 큰 변별요소로 작용할 것 같지는 않다.

2단계는 함께 근무한 경험이 있는 동료나 상사 등을 통해 '평판 조회'를 진행한다.

아무래도 사내에서 진행되는 팀장 선발이다 보니, 보안 유지는 필수다. 만약 너무 대놓고 후보자에 대해 알아보면 케이와 C 차장이 팀장직에 관심이 있는 것을 그들의 상사들이 알게 되므로 후보로 거론되는 케이와 C 차장이 난처해질 수 있기 때문이다. 그래도 대여섯 명의 팀원을 리딩하고 회사의 중요한 사업 중 하나를 맡아야 하는 자리이니, 안 알아볼 수도 없다. 따라서 후보자의 업무 전문성이나 인성 등에 대해 조용히 파악한다. 하지만 어차피 사내에서 알아보는 것이므로 소문이 나는 것은 어쩔 수 없다. 다만, 소문의 확산속도가 문제가 될 뿐.

3단계는 본부장과 핵심 참모들의 회의를 통한 '결정'단계다.

이미 인사카드와 평판 조회를 통해 팀장 후보에 대해 알아볼 것들은 알아본 상태다. 이후에는 담당 상무가 다음의 질문들을 팀장 후보들에게 던지며 의중을 살펴본다. '당신이 플랫폼사업팀 팀장이 되면 잘 할수 있겠나? 현재 조직에서 옮기는 것에 대해 반대가 클 텐데, 어떻게 극복할 것인가?' 그런 다음 본부장을 포함한 주요 임원들은 회의를 통해 누구를 팀장으로 앉힐지를 결정한다. 물론 이 프로세스는 정상적인 프로세스는 아니다. 정기 인사 시즌에 진행되면 이런 과정은 없어도 되겠지만, 어찌 됐든 연중에 팀장을 뽑아야 하는 상황이므로 이런 단계는 불가피하다.

케이의 한마디

회사 내의 평판 조회는 이직 시장의 평판 조회와 다르다. 실력보다 인성이다. 당신에 대해 망설임 없이 편들어 줄 수 있는 팬을 평소에 많이 만들자.

계산기를 돌리는 동료와
힘이 되어주는 동료

회사는 회사대로 저울질하고 케이는 케이 대로 팀장을 하는 게 좋을지, 팀원 생활을 더 하는 게 좋을지 고민한다. 그리고 믿을 만한 주변 동료 몇몇에게 의견을 구해 본다.

"나 어떻게 할까? 팀장으로 가는 게 좋을까? 팀원으로 남는 게 좋을까?"

대답 1. "근데, 그쪽은 왜 케이를 뽑으려고 한데? 플랫폼사업팀 업무가 케이랑 잘 맞는 것 같아? 잘 생각해 보고 결정해. 우리 정도 나이대의 직원들은 점점 옮기기가 어려워지고, 새로 옮겨서 적응하기도 쉽지 않을 테니까."

대답 2. "케이, 내가 너보다 회사를 좀 더 다녀보니까 말이야, 기회가 생기면 일단 잡고 보는 게 좋을 것 같아. 아마 네가 팀장으로 옮긴다고 하면 너희 쪽 임원들이 많이 반대하겠지. 당장 본인이 쓸 수 있는 사람이 한 명 줄어드는데 누가 좋아하겠어? 말로는 연말에 인사평가다 승진이다 챙겨준다고 하겠지만, 그건 가봐야 하는 거니까."

대답 3. "케이 차장님, 무조건 가서야죠! 케이 차장님 정도면 이미 여기서 고생 너무 많이 하셨죠. 그렇다고 지금 있는 곳에서 연말에 인사평가나 승진에서 특별히 유리할 것 같은 이유도 없는데, 저 같으면 팀장 시켜준다는 곳 있으면 냉큼 가겠습니다."

대답 1은 케이가 평소 좋아하는 인사팀장 경험이 있는 선배의 조언이다. 케이와 유사한 고민을 이미 몇 년 전에 했고, 그런 결정의 결과를 몸소 체험한 사람이다. 따라서 이런 선배들은 케이가 이런 상황에서 어떻게 처신해야 하는지에 대한 실질적인 조언이 가능한 사람이다. 당연히 직접적인 인사평가나 승진 같은 부분에서 이해관계가 없으므로 진정성이 느껴진다.

대답 2는 케이의 입사 동기의 대답이다. 군대에서도 동기 사랑 나라 사랑이라 하지 않았던가? 회사에서도 사심 없이 조언해주는 사람은 입사 동기다. 팀장 한번 돼 보겠다고 서두르다가 괜히 경력만 꼬이고 나중에 버림받지 않을지 진심으로 걱정해주는 진심이 느껴진다. 회사 내에서 공채 동기 사이는 어지간한 이해가 걸리지 않는 한 서로를 응원한다. 동기 중 누군가가 회사에서 인정받고 먼저 팀장이 돼 잘나가게 되면, '그 팀장이 저의 동기예요'라고 얘기하며 '저도 이제 팀장 할 때가 되었답니다'라는 무언의 시그널을 윗사람에게 보낼 수도 있고 말이다.

대답 3은 케이의 옆 팀 후배 차장의 답변이다. 인사평가와 부장 승진에서 케이의 경쟁상대이기도 하다. 그 후배는 케이보다 나이도 어리고,

업무성과면에서도 케이보다 특별히 나을 것이 없다. 만약 케이가 자리를 옮기게 되면 본인의 경쟁그룹에서 사라져서 본인의 평가와 승진에서 그만큼 상황이 좋아질 것이다. 당연히 케이의 팀장 도전을 부추길 수밖에.

마치 같은 동네 상권에서 치킨 집을 운영하는 두 명의 사장이 있는데, 한 사장이 다른 사장에게 "나 이제 옆 동네에서 고깃집을 해볼까 하는데 어떻게 생각해?"라고 묻는다면 당연히 이런 답변이 오지 않을까? "그럼, 이 동네보다야 그 동네가 훨씬 낫지! 고깃집은 치킨 집보다 객단가도 높고 회식 손님도 많아서 지금보다 돈도 훨씬 많이 벌 것 같으니, 걱정하지 말고 시작해봐!"

겉으로야 응원해주는 말로 들리지만, 행간을 읽어 보면 역시 사람은 자기 기준에서 생각할 수밖에 없다는 것을 한 번 더 실감한다. 특히 승진이든 돈벌이든 이해관계로 얽혀 있는 사이라면 더욱 본인에게 유리한 방향으로 부추길 것이다. 상대방이 망하든 말든 말이다.

불과 며칠 사이에 회사의 선후배, 동기들과 십여 잔의 아메리카노를 마시며 케이는 결심했다. 팀장이란 미끼를 물어보기로!

케이의 한마디

회사에서는 누가 뭐래도 본인 앞가림이 우선이다. 하지만 본인 앞가림을 하면서도 당신의 고민을 당신 입장에서 진심으로 생각해주는 모습을 보이는 동료가 있다면, 그 사람이 진정한 동료다.

손톱만큼도 손해 보기 싫은 '조직의 힘겨루기'

"케이 차장, 지금 뭔 소리를 하는 거야? 한참 연도 중반인데 다른 부서로 가겠다고?"

"네, 상무님. 갑자기 이런 말씀을 드려서 죄송합니다만, 팀장 보직을 받아서 갈 좋은 기회라서요."

"케이, 나도 이번 연말에 너를 팀장 시켜주려고 했어. 몇 달만 참으면 돼. 너 지금 거기 가봤자 이용만 당할지도 몰라. 회사생활 길게 봐야지! 케이 차장, 넌 우리 쪽 일 좋아하잖아."

어느 정도 직장생활을 해본 사람들은 위의 대화 정도는 아니더라도 직장 상사에게 말을 꺼내기가 부담스러운 상황에 많이 직면해 봤을 것이다. 쉬운 예로는 장기간의 휴가를 간다는 얘기를 꺼낸다거나, 심각한 예로는 휴직이나 사표를 내겠다는 얘기를 꺼낼 때처럼 말이다.

케이는 누구에게나 자주 오지 않는 '팀장 될 기회'를 놓치기 싫었다. 다행히 현재 일하고 있는 부서의 팀장은 '잘돼서 가는 건데 어떻게 잡겠냐?' 하며 케이가 팀장으로 옮기는 것에 대해 흔쾌히 동의해주었다. 솔직히 케이가 근무하는 팀은 팀원이 세 명뿐이라, 케이가 빠지면 팀장 입장에서는 매우 난감할 것이다. 딸랑 세 명의 팀원 가운데 그나마 베테랑 팀원인 케이가 빠지면 거의 절반 가까운 전력 손실이 불가피할 전망이다. 그럼에도 불구하고 보내준다는 팀장의 대답에 케이는 팀장에 대한 무한한 고마움과 함께 팀장이 되기 위한 산을 하나 넘어선 기분이 들었다.

사실, 문제는 지금부터다. 바로 상무이다. 상무 입장에서는 케이는 대여섯 개 팀에 있는 일개 실무 차장에 불과하지만, 상무 본인의 성과 창출을 위해서는 어찌 됐든 간에 없는 것보다 있는 게 나을 것이다. 본인의 실적확보에 도움이 되는 자원이므로 일단 지켜야 한다. 케이 역시 그런 상무의 입장이 충분히 이해되고 미안한 마음뿐이었다. 상무 입장에서도 고지가 눈앞인데, 비록 실무 팀원 한 명이라 할지라도 예상치 못한 전력 손실은 달갑지 않을 것이다. 이런 상황이 발생하면 좋은 기회를 받은 사람 입장에서야 좋겠지만, 해당 조직에서는 즉시 전력 손실은 물론, 사람을 채우는 것 또한 쉽지 않기 때문이다. 이런 상황에서 관리자들은 떠나려는 케이에게 어떤 전략을 구사할 수 있을까?

첫째, '회유전략'이다.

이번에 옮기지 않으면 몇 달 후에 있을 인사평가에서도 후한 점수를 줄 것이고, 팀장 보직도 주겠다고 설득하는 것이다. 하지만 지금의 약속이 연말에 지켜질지는 미지수이다. 비록 임원 본인이 시켜주겠다고 마음먹더라도, 그때가 되면 어떤 상황이 전개될지 모르니까 말이다. 진작에 잘 챙겨줬으면 이런 상황이 안 생겼을지도 모르는데… 이제 와서 챙겨준다고 하니 케이 입장에서는 많은 생각이 든다. 생소한 부서에서 팀장을 하는 것보다 익숙한 현재 부서에서 팀장이 되는 것이 최고의 시나리오이기는 하다. 케이는 현재 업무를 누구보다 좋아하기 때문이다.

둘째, '회피전략'이다.

케이가 다니는 회사의 구조상, 담당 상무가 조직이동을 승인해줘야 한다. 이미 케이를 팀장으로 낙점한 신사업본부는 케이가 하루라도 빨리 플랫폼사업팀으로 와서 업무를 시작해주기를 원하고 있다. 현재 제일 급하고, 아쉬운 사람은 케이다. 상무는 케이와의 자리를 회피한다. 케이가 심경의 변화를 일으키기를 바라는 마음으로. 하지만 케이 입장에서도 어쩔 수 없다. 이미 엎질러진 물이다. 연중에 갑자기 부서를 옮기는 것은 너무 미안하지만 읍소할 수밖에 없다.

셋째, '압박전략'이다.

다음은 압박전략이다. 예를 들어 '네가 가려면, 너 자리에 한 명 채워 놓고 가라!'고 압박하는 것이다. 또 플랫폼사업팀이란 부서에 대한 불투명한 미래를 언급하며 재고(再考)해 보라고 할 수도 있다. 현실적으로 일개 팀원이 인사팀도 아니고 어떻게 본인이 자리를 옮기면서 본인이 있던 자리에 사람을 채워 놓고 갈 수 있을까? 케이는 그간의 회사 생활에서 이런 상황을 많이 봐왔으나, 다행히 그런 상황까지는 가지 않았다.

회사의 목표는 시장에서 고객의 마음을 사로잡아 경쟁사와의 경쟁에서 승리하는 것이다. 하지만 정작 회사의 속을 들여다보면, 조직 간의 내부경쟁이 더 치열하다는 것을 알 수 있다. 조직 간 내부경쟁의 본질은 임원들의 승진 경쟁이다. 결국 회사 내부경쟁에서 승리하여 임원들의 승진을 쟁취하기 위해서는 회사 내부에서 확보 가능한 모든 자원을 확보해야 한다. 특히 성과를 창출할 만한 인적 자원 말이다.

팀장이 되려는 케이를 보내주기 싫어하는 경영지원본부와 케이를 팀장으로 영입해서 새로운 사업의 모멘텀을 확보하고자 하는 신사업본부는 사람을 주고받는 것으로 타협을 이루었다. 즉, 신사업본부로 케이를 보내주는 대신, 신사업본부에서도 케이의 빈자리를 채우기 위한 대리급 인력 한 명을 보내주기로 한 것이다.

돌이켜 생각해 보면 케이를 붙잡으려 했던 상무의 마음도 십분 이해가 된다. 케이를 붙잡는 과정에서 상무가 직장 후배 케이를 진심으로 걱정해주는 모습도 많이 보였다. 서로 악의는 없다. 다만 각자의 상황이 다르고 회사생활에서의 목표가 다른 것일 뿐. 케이는 드디어 다음 주부터 팀원이 아닌 팀장으로 출근하게 되었다.

윌리엄 셰익스피어는 이렇게 말했다. "모든 인간은 자신이 한 행동의 결과를 참고 견딜 의무가 있다." 케이는 이제부터 그의 결정으로 인해 생기는 모든 일들에 대해 오롯이 스스로 감당해야 한다.

케이의 한마디

중요한 선택의 순간에서 본인의 의지로 결정할 수 있는 회사원이 돼라. 그래야 실패해도 덜 억울할 것이다.

#
초보 팀장으로
살아가기

'팀장으로 연착륙 할 수 있을까?'

'팀장으로서 성과를 만들어 낼 수 있을까?'

'팀장이 되어서도 보람 있고 즐거운 직장생활을 이어갈 수 있을까?'

이런 질문의 답을 어디에서부터 찾아야 할까? 정답은 역시 '사람'이 아닐까 싶다. 지난 17년 간 회사생활을 누구보다 즐겁게 해 온 케이였다. 하지만 지금까지는 팀장이란 우산이 비를 막아주고 때로는 방패가 되어주기도 했었다. 이제는 팀장이 된 케이가 우산이 되어야 한다. 팀원이 아닌 팀장으로 살아가게 될 케이의 주변 사람에 대해 간략히 소개한다.

P 상무 (직속 상사)

케이의 직속 상사다. 즉 케이의 인사평가자이다. 수십 년의 B2B 영업과 신사업개발로 단련된 그의 속마음은 도통 알 수가 없다. P 상무가 담당하는 조직은 케이의 팀을 포함하여 총 3개 팀인 약 20여 명으로 구성되어 있다. 모든 임원들이 그러하듯 P 상무에게도 올해는 역시 매우 중요하다. P 상무는 본부 내 상무 중 최고참이다. 회사가 인정할 만한 성과를 낸다면 전무로 승진하겠지만, 그렇지 못하면 재계약에 실패하여 옷을 벗을 수도 있다. 나이는 50대 후반으로 젊은 시절 오로지 회사 업무에만 몰두한 나머지 변변한 취미는 없는 듯하다. 회사 밖에서는 대기업 임원이라고 그럴싸해 보일지 모르지만, 사실 P 상무의 하루하루를 곁에서 보고 있노라면 임원이라고 마냥 좋지만은 않을 것 같다.

황 부장 (팀원1)

50대 초반의 팀 내 최연장자다. 최근에 입사한 후배들에 비하면 스펙 면에서는 뛰어나지 않지만, 취업이 어렵지 않았던 시기에 입사하여 온 좋게 부장까지 승진한 케이스. 최근 화려한 경력으로 무장된 신입 후배들의 관점에서 보면 다소 억울한 마음이 들 정도로 본인 역량에 비해 회사에서 누릴 것을 많이 누려왔다. 서울 시내에 꼬마빌딩도 소유하고 있고 회사의 학자금 지원제도를 활용하여 자녀들의 대학 공부까지 해결했다. 누가 봐도 임원승진 가능성이 전혀 없는 비자발적 승진포기자다. 평소 사무실에서 일하기보다는 외근을 선호한다.

신 차장 (팀원2)

케이보다 공채 2년 선배로, 신사업본부에서 유명한 야망과 열정을 소유한 직원이다. 플랫폼사업팀 팀장 자리가 공석이 된 후 팀장 자리에 상당히 관심이 많았다고 한다. 케이 입장에서 신 차장은 플랫폼사업의 경험이 많고 업무추진력이 뛰어나 팀의 성과 창출 측면에서 가장 기대되는 팀원이기도 하다. 신 차장은 약 10여 년 전 케이가 대리일 때 옆 팀에서 과장으로 근무했다. 아무래도 입사 선배기도 하고, 비교적 가까운 부서에서 케이를 후배로 대해 왔었기 때문에 케이를 팀장으로 인정하는 데는 어느 정도 시간이 필요해 보인다.

박 차장 (팀원3)

P 상무가 아끼는 최연소 차장이다. 업무역량으로 보면 단연 에이스다. 다년간 사내 핵심부서인 사업전략팀에서 근무하며 다져진 뛰어난 보고서 작성 능력은 물론 누구보다 자기계발에도 열심이다. 민간 자격증 중의 하나인 코칭 자격 중에서도 최고 레벨의 자격증을 보유했다. 사내 강사로도 활동 중이다. 들리는 얘기로는 가끔 휴가를 내고 타기업과 대학 등에서 특강을 하기도 한다고 한다. 후배지만 본받을 게 많은 직원이다.

홍 과장(팀원4)

약 2년 경력직으로 입사했다. 홍 과장은 외국계 IT기업 출신으로 이 회사에 경력직으로 입사하기 전, 동종업계뿐 아니라 개인 자영업까지 포함하여 여러 회사에 입사와 퇴사, 그리고 창업과 폐업을 거듭하며 산전수전을 다 겪었다. 경력직 입사 초기에는 대기업 특유의 의사결정 구조와 각종 보고 업무에 답답함을 토로하기도 했다. 또 기존 회사에서 접하지 못했던 수준의 사내정치에 실망하며 심한 우울증에 빠지기도 했었다. 다행히 지금은 그런 문화에 본인 스스로 완벽히 적응하며 대기업 울타리 속에서의 일상을 누구보다 잘 즐기고 있다.

김 대리(팀원5)

팀의 막내 여자 대리다. 지난해 육아휴직을 마치고 회사에 복귀한 팀의 유일한 밀레니얼 세대다. 대학은 물론 중고등과정까지 미국에서 다닌 영향인지 팀의 사오십대 선배들과는 회사생활에 임하는 태도가 상당히 다르다. 업무에 있어 손이 빠르지만, 아직 입사 4년 차인 주니어다 보니 여전히 세심한 업무 코칭이 필요하다. 김 대리의 최대 관심사는 업무와 육아를 병행하며 즐겁게 회사생활을 이어가는 것이다. 늘 워라밸(Work and Life Balance)을 보장받길 원한다.

A 팀장(옆 팀장1)

P 상무 아래에서 케이와 근무하는 3명의 팀장 중 선임 팀장. 입사 23여 년 차의 베테랑으로 신사업과 관련된 부서에서 그를 모르는 사람은 거의 없다. A 팀장의 지상과제는 P 상무가 전무로 승진하게 되면, B 팀장을 누르고 본인이 그 자리를 꿰차는 것이다. 사실 B 팀장만 누른다고 해서 상무로 승진할 수 없다는 것을 본인도 알기에, 근무시간에 여기저기 두루두루 다니며 커피도 마시고, 담배도 피우면서 다양한 정보를 수집한다.

B 팀장(옆 팀장2)

P 상무 밑의 또 다른 팀장. 한때는 P 상무의 전폭적 지원으로 지난해 팀장으로 승진한 케이스. P 상무와는 가족들까지 알고 지내는 사이로 최근에는 주말마다 산에도 함께 다닌다고 한다. 그는 케이가 팀장이 되기 전까지 막내 팀장이었다.

케이가 아침 8시에 출근해서 저녁 7시경 퇴근할 때까지 회사에서 보는 사람들이다. 지금부터 이들과의 이야기를 시작한다.

케이의 한마디

밀레니얼 세대의 후배 직원들에게 가족 같은 회사 동료는 없다. 회사 is 회사다. 하지만 가족으로 생각하는 척해줘야 살아남는 그들의 세계는 아직도 여전히 존재한다.

팀장으로
처음 출근하던 날

마음의 날씨: 안개 ☁️

> "P 상무님, 안녕하십니까? 일찍 나오셨네요?"
>
> "케이 팀장님, 안녕하세요? 앞으로 잘 부탁드립니다."
>
> "저 말고도 팀장 후보자들이 있었다고 들었는데, 끝까지 믿고 끌어 주셔서 감사합니다."
>
> "별말씀을요. 케이 팀장님 쪽 팀원들이 만만치 않겠지만, 케이 팀장님이 생각하시는 대로 잘 한번 이끌어 보세요. 도움이 필요한 일 있으시면 언제든 말씀 주시고요."

팀장으로 처음 출근한 날, 아침에 P 상무와 나눈 대화다. 케이는 P 상무가 언제 출근하고 언제 퇴근하는지 아무도 모른다는 소문을 들은 적이 있다. 워낙 일찍 출근하고 매일 밤늦게 퇴근하다 보니 그런 소문이 났을 것이다. 팀장 첫 출근이라 다른 때보다 서둘러서 아침 7시 30분에 사무실에 도착했는데, 벌써 P 상무는 이미 신문까지 다 읽은 듯했다. 케이는 속으로 생각한다. '아… 앞으로도 이렇게 빨리 나와야 하는 건가?'

그나마 다행인 건 넓은 사무실에 P 상무만 혼자 있을 뿐, 직원들은 아무도 없다는 점이다. 그렇다면 최소한 본인이 일찍 출근한다고 직원들까지 일찍 출근하라고 강요하는 스타일은 아닌 듯했다. 8시 반이 지나자 팀원들이 속속 사무실에 도착한다. 물리적 공간으로만 본다면 어제까지 일했던 18층 사무실에서 15층으로 불과 층만 달라졌다. 사무실 구조도 같은데, 모든 것이 낯설다. 사람도 낯설고 대화도 낯설고 대화에 등장하는 단어들까지도 낯설다.

케이는 지난 며칠 동안 먼저 팀장이 된 선배들에게 팀장생활의 애환을 들어보았다. 오늘부터는 3인칭 관찰자 시점이 아닌 1인칭 주인공 시점으로 팀장 역할을 수행해야 한다. 사람도 낯설지만, 업무 역시 생소한 것은 마찬가지다. 신입사원 시절 지역본부에 있는 영업팀에서 2년간 근무했던 시절을 제외하고는 본사에서 기획, 교육, 컨설팅과 같은 업무를 담당해 왔다. 즉 궁극적으로는 회사 매출에 기여하기는 하나, 직접적인 매출 목표가 없는 부서에만 10여 년 근무했다는 이야기다. 하지만 플랫폼사업팀은 연간 매출목표, 분기당, 월간 매출 목표가 명확하다. 플랫폼사업팀의 연간 매출목표는 100억 원인데, 상반기 실적을 보니 30억 원을 겨우 넘겼다. 아무래도 금년에는 플랫폼사업팀의 매출 목표 100억 원 달성은 요원해 보인다.

'뭐 이제 시작인데, 하나씩 풀어나가 보자'라고 케이는 스스로 마음을 잡아 본다. 케이 같은 초보 팀장에게는 팀장의 곁에서 업무는 물론 인간관계 측면에서도 도움을 줄 수 있는 조력자가 매우 중요하다. 케이의 회사에서는 이런 팀 내 넘버 투를 '차석'이라고 부른다. 입학시험에서 '수석'이 1등이고 '차석'이 2등이듯이 회사생활에서도 '차석'이라고 하면 서열상 해당 부서에서의 팀장 바로 아래에 있는 직원을 의미한다. 지금 케이에게 필요한 것은 그의 부족한 면을 채워주고 생소한 조직문화에 적응하는 데도 큰 역할을 해줄 수 있는 믿음직한 차석이다. 케이는 플랫폼 사업경력도 길고 조직에서 성공하고 싶은 의지가 높은 신 차장에게 차석을 맡아 달라고 부탁하기로 했다. 차석을 신임 팀장 마음대로 결정하면 문제가 될까 싶어서 신 차장에게 직접 물어보기에 앞서 P 상무에게도 의견을 구해 본다. 신 차장이 차석 업무를 맡아주면 어떨 것 같냐고. P 상무는 누구에게 차석을 시키든 팀장이 알아서 하면 된다고 하면서도 내심 물어봐 준 것 자체를 기특하게 여기는 눈치다.

잠깐 신 차장과 함께 사내카페로 가서 최대한 공손하게 물어봤다.

"신 차장님, 차장님도 아시다시피 제가 이쪽 업무도 잘 모르고 사람들도 잘 몰라서 그러는데요. 신 차장님이 저희 팀 차석 역할을 좀 해주시면 안 될까요?"

신 차장은 케이가 본인에게 차석 업무를 부탁할 것을 예상이라도 했다는 듯이 망설임 없이 대답한다.

"케이 팀장님, 죄송합니다. 저는 집도 멀고 애들도 케어해야 해서 차석 업무는 못 도와 드릴 것 같습니다. 다른 분께 말씀해 보시죠?"

뜻밖의 반응에 당황했다. 차석을 하면 인사평가에서도 상대적으로 유리할 것이고, 이미 올해는 절반이나 지났으니 몇 달만 고생하면 될 텐데 왜 싫다고 했을까? 나중에 안 사실이지만 신 차장은 케이 팀장이 플랫폼사업팀의 팀장으로 자리 잡는 것이 별로였던 모양이다. 케이 팀장이 새로운 업무에 적응하지 못하고 튕겨 나가면 그 자리는 당연히 본인이 꿰찰 수 있다고 생각하고 있던 것이다. 그런 사람에게 도와 달라고 했으니….

팀장이 돼 팀원에게 처음으로 업무지시가 아닌 부탁을 했는데, 결론은 보기 좋게 거절당했다. 벌써 앞날이 막막해진다. 축구 경기로 비유하자면 경기 시작 전 전술 회의에서 감독이 포지션을 부여하는데 한 선수가 '저는 그 포지션 하기 싫은데요? 제가 왜 그걸 해야 하죠?'라고 대답하는 것과 같은 상황일 것이다. 결국, 차석 업무는 비록 플랫폼사업 경험은 부족하지만 꼼꼼함을 자랑하는 박 차장이 맡기로 했다. 어쨌든 팀장 출근 첫날, 차석 선정으로 마음에 내상을 입기는 했다만, 팀원들과 서로 소개하는 자리도 갖고 주변 팀들에게도 간단하게 인사도 마쳤다. 신임 팀장의 하루는 길었다.

케이의 한마디

모두 내 마음과 같을 수 없다. 팀장은 팀원이 당신과 다른 생각과 마음을 가지고 있다는 것을 인정해야 한다. 그래야 팀원과의 소통과정에서 받을 수 있는 상처를 예방할 수 있다.

직책자로 참여한
첫 번째 행사

마음의 날씨: 맑음 ☀

"케이 팀장, 반가워요. 우리 본부로 올 때 우여곡절이 많았다면서?"

"네. 전무님, 열심히 해 보겠습니다. 근데, 전무님께서 임원미팅에서 저에 대해 얘기를 잘해주셨다고 들었습니다. 정말 감사하긴 하지만 한편으로는 제가 전무님과 함께 일해 본 적이 없는 것 같은데, 왜 그렇게 좋게 말씀해 주신 건지 조금 궁금하기는 합니다."

"고맙긴, 지금부터가 고생일 텐데. 내가 미안하지. 케이 팀장이 일 잘하는 건 예전부터 케이 팀장 선배들한테 얘기 듣고 있었네. 그리고 우리 본부는 자네같이 젊은 사람들이 와서 분위기를 좀 바꿔 줄 필요도 있어. 하지만 이쪽 업무가 만만치 않을 거야. 특히 자네가 맡은 플랫폼사업팀은 아직 누구도 일 년을 제대로 버틴 사람이 없으니까. 바짝 긴장하라고!"

오늘은 서울 근교에 위치한 국내 최고 수준의 생태 수목원이 있는 리조트에서 '신사업본부 리더 워크숍'이 진행되는 날이다. 케이는 예정된 일정보다 훨씬 일찍 행사장에 도착하여 행사장 분위기를 살핀다. 그때 마침 팀장 선발 당시 후보 두 명을 놓고 임원들끼리 팀장을 결정하는 회의 자리에서 케이를 적극 지지한 전무를 만났다. 전무와 케이는 행사장에 준비된 고급 원두커피를 한 잔씩 뽑아 들고 정원을 거닐며 이런저런 얘기를 나누었다.

짧은 산책을 마치고 그랜드 볼룸 회의장에 들어오니 행사를 준비하는 팀의 직원들이 워크숍 참석 임원과 팀장들에게 개인별 명찰을 배부하고 자리를 안내하고 있다. 케이는 행사를 준비하는 직원으로부터 안내를 받으며 더 이상 팀원이 아닌, 팀장 대접을 받기 시작했음을 느낄 수 있었다. 사실 '케이 팀장님'하는 호칭부터가 어색하다. 아무래도 팀장 이상만 참여하는 직책자 행사이다 보니 행사장도 일반 직원들이 참여하는 행사에 비해 한층 격식 있게 준비된 것 같다. 생수와 녹차, 커피 믹스 대신 각종 쿠키, 생과일, 원두커피가 행사장 뒤편에 마련되어 있다. 객실 역시 기존에 익숙한 4인 1실이 아니라, 2인 1실이다. 방 두 개짜리 객실을 팀장 둘이 사용하니 코골이가 심한 케이는 살짝 마음이 놓인다. 최소한 한방에서 다른 사람과 밤을 보낼 일은 없으니까 말이다. 회사 행사에서 독립된 침실에서 혼자 지내는 것은 참 오랜만이다. 나름 수도권에서 손꼽히는 고급 리조트인데도 말이다. '회사에서는 맨날 비용 절감하라고 하더니, 그래도 리더들을 위해서 쓸 돈은 쓰는구나'라는 생각도 잠시 스쳐 간다. 한편으로는 이런 대접이 싫지만은 않다.

고위 임원들이 속속 행사장에 도착하자 분위기가 자연스레 정리된다. 조직별로 삼삼오오 상무 한 명에 팀장들이 서너 명이 함께 있는 모양새다. 전무급 이상은 맨 앞줄에 자리하고 그 뒤쪽으로는 상무 한 명에 팀장 서너 명이 함께 모여 있다. 행사가 7월인 만큼 행사의 내용은 상반기 우수부서에 대한 포상과 하반기 사업계획 발표가 주를 이룬다. 본격적으로 행사가 시작되었다. 행사장 앞에 준비된 대형 스크린으로 우수부서에 대한 소개와 주요 성과에 대한 소개가 흘러나온다. 솔직히 케이는 어떤 성과들이 신사업본부에 의미가 있는지, 또 저런 사업과 성과들이 상을 받을 만한 건지에 대한 감이 아직은 전혀 없다. 솔직히 회사 내에서의 포상이란 게 일 년에 서너 명 정도에게 주어지는 CEO 포상 외에는 큰 의미가 없다는 걸, 그동안의 경험으로 잘 알고 있다. 이런 포상은 조직별로 포상 규모를 미리 정해 놓고 서로 나눠먹기식으로 진행하는 부분도 있어 큰 감흥은 없다. 하지만 이런 공식적인 행사에서 포상만큼 아이스 브레이킹 역할을 톡톡히 해주는 것도 없다. 그렇게 오전 세션은 큰 부담 없이 마무리됐다.

간단한 점심을 마치고, 오후 세션이 시작되었다. 이제부터 본 게임 시작이다. 팀별 상반기 성과 리뷰와 하반기 사업계획을 발표한다. 성과가 있는 팀들은 임원들과 동료 팀장들이 보는 가운데 자신들의 성과에 스토리를 입혀가며 우쭐댄다. 성과가 없는 팀들도 나름대로 사업을 추진하며 접한 새로운 시장 상황 등을 공유하고 하반기에 실적을 달성하겠다는 충성맹세를 한다.

드디어 케이의 순서가 돌아왔다. 수십 명의 참석자들은 연도 중간에 팀장으로 새로 합류한 케이가 어떤 사람인지 궁금하다. 또 공식 석상에서 어떤 얘기를 할지 궁금하다. 신사업본부의 본부장은 본부장 나름대로 젊은 팀장인 케이가 의욕적인 모습을 보여줘서 비에 젖은 낙엽처럼 생활하는 몇몇 팀장들에게 자극을 주었으면 할 것이다. 또 케이의 직속 상사인 P 상무는 케이가 많은 임원들 앞에서 지키지도 못할 의욕적인 내용을 쏟아내지 않을지, 또 처음 팀장이 되었는데, 말이나 제대로 할 수 있을지 걱정이었다. 하지만 그런 걱정은 기우에 불과했다. 케이는 2018년 월드컵의 한국-독일 전의 극적인 승리를 예를 들며 하반기에 신사업본부의 극적인 승리를 만드는 데 일조하겠다는 포부를 밝혔다. 박수 세례와 함께 무난하게 데뷔 무대를 마무리했다.

오후 세션을 마치고 이어지는 회식 자리. 입사 17년 차 케이가 얼마나 많은 회식 자리를 가져봤겠는가? '뭐 직책자 회식이라고 별개 있겠어?'라는 생각이 들었다. 끝날 줄 모르는 건배사와 21년산 양주병을 들고 자리를 돌며 한 잔씩 부어주는 모습은 그동안의 워크숍과 크게 다르지 않다. 하지만, 미묘하게 다른 점이 몇 가지 보인다. 첫째는 '라인 잡기'다. 잘나가는 임원들 주변에는 그 임원 라인에 올라타려는 팀장들로 옆자리가 빌 틈이 없다. 둘째는 '아부의 강도'가 다르다. 팀장들 대부분은 임원이 되고 싶어 한다. 최소한 본인이 맡은 팀장 자리를 뺏기기 싫어한다. 임원을 만들어 주거나 팀장 보직을 뺏을 수 있는 임원들과 술자리를 하는 만큼, 회식 자리를 통해 어필할 수 있는 것은 최대한 어필하고, 임원들이 듣기 좋아할 만한 말들을 쏟아낸다. 왜냐하면 그들 입장에서도 임원들에게 비업무적으로 어필할 기회는 흔치 않으니까. 케이는 생각한다. '와 저렇게까지 해야 하는 거야?'

케이의 한마디

팀원일 때는 알지 못했다. 팀장이란 자리가 그들에게 얼마나 중요하고 소중한지…. 임원 역시 다 그런 팀장의 시간을 쌓아서 지금의 그 자리에 올라섰다.

본격적인 업무 파악, 그리고
'굴러온 돌'에 대한 견제

마음의 날씨: 흐림

"박 차장님, 주간업무 보고 자료 완성했나요?"

"네, 팀장님. 작성은 했지만, 전무님께 보고 드릴만 한 새로운 아이템이 없네요."

"어쩔 수 없죠. 뭐, 새로운 사업 아이템은 차차 만들어 가야죠. 매출 전망은 어떤가요?"

"원래 계약 예정이었던 OO 시청이 갑자기 본인들 예산 문제를 언급하면서 계약을 연기하자고 합니다. 그것만 성사되면 이번 달 매출 목표를 달성할 수 있었던 상황이었는데요."

"아쉽지만 어쩔 수 없죠. 계약 자체가 파기된 것은 아니니까, OO 시청 담당 영업을 통해서 동향 파악을 좀 더 해 봐야겠네요."

팀장이 되고 나니, 팀원 때보다 회의가 몇 배는 많아졌다. 케이가 애용하는 일정 관리 앱의 스케줄을 보면 연속으로 두세 시간 비어 있는 것을 찾아보기가 어려울 정도다. 월요일이나 화요일에는 팀장 주간보고 같은 실적 점검하는 회의가 주를 이루고 있다면, 주 후반부에는 협력사

미팅이나 사업추진을 위한 부서 간 협업 미팅이 많은 편이다.

이런 각종 회의 자리에서 케이 팀장이 업무 파악도 안 된 초보 팀장이란 티를 내면 안 된다. 케이 팀장이 허점을 보이는 순간, 회의 참석자들은 케이의 허점을 집요하게 파고들며 자신들의 잇속을 챙기려 할 것이다.

최대한 업무 파악을 빨리 끝내고, 각종 회의에서 플랫폼사업팀 팀장의 면모를 빨리 보여야 한다. 케이를 팀장으로 선택한 임원들도 케이에게 많은 시간을 주지 않으리라는 것을 케이 역시 누구보다 잘 알고 있다.

비유가 다소 거창하긴 해도 정부를 생각해 보자. 신임 대통령이 선출되면 즉시 인수위원회가 구성되고 주요 부처의 내로라하는 엘리트들은 인수위원회의 부름을 받고 열심히 대통령을 학습시키고 새로운 대통령이 내세울 만한 정책을 입안한다. 기업도 마찬가지다. 확실한 오너가 있는 기업 외에 공공기관이나 정부의 입김이 작용하는 은행 등의 CEO 자리는 주기적으로 포지션이 오픈된다. 그리고 새로운 CEO의 선임과 함께 인수위원회가 구성된다. 정부도 그렇고 기업도 그렇고 인수위에 참가한 구성원들은 곧 요직으로 발령을 받게 되고, 최소한 수년간은 목에 힘을 주고 살 수 있게 된다.

케이 같은 일개 팀장들은 CEO도 아니고 뭐도 아니다. 말단 조직의 팀장은 새로 보직을 받게 되면 처절한 각개전투를 해야 한다. 물론 위에 있는 상무나 인근 팀장, 팀원들이 새로운 업무에 대해 친절히 설명해주고자 하겠지만, 이들 역시 본연의 업무가 있는지라 도움을 구하는 것에는 한계가 있다.

케이는 팀원 가운데 가장 믿고 의지할 만한 박 차장을 조용히 회의실로 부른다.

"박 차장님, 플랫폼사업팀의 최근 사업계획서와 매출자료 좀 정리해 주실 수 있을까요?"

"네, 팀장님. 자료는 바로 메일로 관련 파일들을 보내 드릴게요. 참고로 매출은 회사의 사업리스크 관리가 강화되면서 저희가 추진할 수 있는 사업의 범위가 줄어들어 수년째 매출 규모가 줄어들고 있는 점은 고려하시고 봐주셔야 할 것 같습니다."

케이는 박 차장이 보내온 자료들을 모두 출력하여 궁금한 내용에 대해서는 질문리스트를 만들고 숙지해야 하는 부분은 별도로 체크해 두었다. 그리고 개별 업무 담당자들과 1대1로 미팅하면서 세부 내용을 파악하기 시작했다.

이 과정에서 케이가 눈치챈 것은 황 부장과 신 차장의 남다른 반응이었다. 다른 팀원들은 본인들이 최근 추진한 사업이나 현재 준비하는 사업 아이템에 대해 적극적으로 설명하고 팀장의 업무지원을 요청해왔다. 반면 황 부장과 신 차장은 케이 팀장이 궁금해하는 사안들에 대해 설명하는 태도가 냉소적이었다. 마치 본인들이 맡은 사업에 대해 팀장이 신경 쓰는 것을 차단하려는 모습이었다. 케이가 업무적으로 궁금한 점이나 그간의 사업을 함께 진행한 협력사와의 히스토리를 물으면 "팀장님은 굳이 그것까지는 모르셔도 괜찮으실 것 같습니다. 별로 중요하지 않은 일들이라서요. 나중에 보고 드릴 만한 사안이 발생하면 그때 따로 보고 드리겠습니다"라고 얼버무리며 넘어갔다. 또한 설명하는 과정에서 '팀장님이 이쪽 업무를 처음 맡으셔서 잘 모르시는 것 같은데요'라면서 생소한 약어와 각종 전문용어를 사용해가며 신임 팀장의 기를 누르려는 것도 느껴졌다.

케이 입장에서는 참 난감하다. 팀의 최고참 두 명이 본인들 업무에 대해 차단막을 치고 견제하는 모습을 보며, 그들이 케이를 '굴러온 돌'로 취급하고 있다는 생각을 지울 수가 없다. 어찌 보면 케이는 그들이 잘살고 있는 영역에 침범한 외부인일지도 모른다. 케이가 아니었으면 그들 중의 누군가, 또는 그들과 가까운 누군가가 팀장이 되었을지도 모르니까.

케이의 한마디
팀장쯤 된다면 나의 영광이 누군가에게 상처가 되지 않도록 살피는 세심함을 가지고 있어야 한다.

팀장을 잘하려면
'쥐새끼'가 되라고?

마음의 날씨: 우울함 😞

"케이, 너 팀장 된 지 얼마나 됐지?"

"마치 2년은 된 것 같은데, 겨우 두 달밖에 지나지 않았네요."

"내가 팀장만 벌써 5년째인데, 팁을 하나 알려줄까? 팀장으로 살아남으려면 쥐새끼가 되어야 해. 쥐새끼 같은 놈이라는 표현 알지? 요리조리 빠져나가고, 훔쳐 먹을 거 있으면 훔쳐먹고…"

"쥐새끼 같은 놈이 되라고요? 저는 그렇게 살기 싫은데요?"

"야! 누구는 뭐 그렇게 살고 싶어서 사나? 처자식 먹여 살리고, 회사에서 잘 돼 보려고 어쩔 수 없이 그렇게 사는 거지!"

케이의 회사는 전형적인 대기업으로 조직의 형태는 팀제(制)이다. 세부적으로 보면 약간 다를 수는 있겠으나, '부문-본부-담당-팀' 정도로 보면 된다. 대개 부문장은 사장이나 부사장이 하고, 본부장은 전무 또는 상무가 담당한다. 그리고 담당이란 자리가 좀 애매한데, 상무가 되기 전 단계인 상무보라는 직급이 담당하는데, 직원들은 보통 담당급 자리에 있는 상무보들에게 '보'자는 떼고 '상무님, 상무님' 하면서 임원 대접을 해준다. 이런 담당 아래에는 보통 서너 팀이 있는데, 케이의 담당에는 세 팀이 있다.

우리나라에서는 예로부터 '3'이라고 하면 복(福) 3이라고 좋은 숫자라고 생각한다. 또 어린 시절을 추억해 보면 삼총사 한 번쯤 안 해본 사람 없을 정도로 친숙한 3자(字)이건만, 승진과 같은 치열한 내부경쟁 속에 놓여있는 팀장들에게는 3이란 숫자는 참 애매하고 어색하다.

케이가 일하고 있는 담당에는 케이를 포함해서 3명의 팀장이 있다. 앞서 간단히 언급했듯이 케이 외에 A 팀장, B 팀장이 있다. 나이는 A 팀장이 두세 살 많은 것 같다. A 팀장은 팀장이 된 지도 벌써 5~6년 된 베테랑 팀장이고, B 팀장은 정식 팀장이 된 지 이제 겨우 2년 차다.

누가 봐도 A 팀장이 고참 팀장이고 B 팀장이 팀원이던 시절, A 팀장과 인접한 팀에서 근무했던 경험이 있던 만큼 팀장 간의 서열정리는 어렵지 않아 보인다. 상식적인 서열상으로는 A 팀장-B 팀장-케이의 순서가 되면 맞을 것 같다. 하지만 정작 팀장들의 인사권을 가지고 있는 P 상무는 B 팀장에게 애정이 많다. 케이가 팀장으로 합류한 후 상무와 세 명의 팀장은 서로의 단합을 위해 술자리를 많이 가졌다. 엄밀히 얘기하면 상무와 B 팀장은 거의 매일 함께 술자리를 갖는 편이고, A 팀장과 케이는 일주일에 한두 번 함께 하는 형태다.

어느 날 케이는 B 팀장과 늦게까지 술자리를 가진 적이 있다. B 팀장이 사는 동네에서 새벽 두 시까지 함께 했다. 케이 덕분에 막내 팀장을 면한 B 팀장 입장에서는 군대에서 신병을 처음으로 받은 선임의 기분일 것이고, 신병을 PX에 데려가서 맛있는 것을 사주는 것처럼 이것저것 챙겨주고 싶었을 것이다.

케이가 B 팀장과 늦게까지 술자리를 가진 지 며칠이 지났을 때였다. A 팀장이 퇴근 무렵 케이에게 한 마디 던진다. "케이! 너 얼마 전에 B 팀장이랑 한잔했다며? 나랑 한잔할까?" 막내 팀장인 케이는 대답한다. "저야 감사하죠. 오늘 한잔하러 가실까요? 선배팀장님의 노하우를 한 수 가르쳐 주시죠."

술자리가 무르익자, A 팀장은 새벽 2시가 넘을 때까지 케이를 붙들고 있다. "케이, 너 B 팀장이랑 마실 때는 새벽 두 시까지 마셨다면서? 나랑은 그것보다 더 늦게까지 마셔야 한다?" 그러면서 후배 팀장 케이에게 평생 기억에 남을 진심 어린 조언을 해준다.

"케이, 조직 생활에서는 쥐새끼가 되어야 한다. 한쪽에 치우치지 말고, 이쪽에 기웃, 저쪽에 기웃하면서 정보를 얻어야 한다." A 팀장 생각으로는 새롭게 합류한 케이가 본인과 B 팀장, 그리고 P 상무 사이에서 균형감 있게 생활하라는 조언을 해주고자 했던 모양이다.

정작 케이는 A 팀장이든, B 팀장이든 P 상무이든 간에 회사 사람들과 마시는 술자리를 하나 같이 즐기지 않는 것은 마찬가지인데 말이다. 케이가 회사 내의 회색분자, 쥐새끼는 되지 않더라도, 쥐새끼처럼 살아가는 팀장들이 많다는 사실을 안 것이 이날 술자리의 교훈이다. 물론 회사에는 쥐새끼처럼 살지 않고도 잘 된 사람이 훨씬 더 많다. 오히려 쥐새끼처럼 조직 생활을 한 사람이 잘 되는 조직이라면 문제가 있는 조직이 아닐까?

케이의 한마디

리더들 간에는 미묘한 기운이 흐른다. 그 기운은 팀원들 눈에는 잘 띄지 않을 것이다. 리더들이 속마음을 드러내지 않으니까.

#

팀장 자리의 무게감과
씁쓸함

기피 업무 배분과
인사평가 권한 확보

마음의 날씨: 개운함

"박 차장님, 저희 팀 업무 가운데 빌딩플랫폼 개발업무가 공백인 상태인데요. 어떻게 하면 좋을까요? 지난달 본부 업무 보고에서 본부장님이 빌딩플랫폼 고도화 개발은 어떻게 되어 가고 있냐고 질문하셨는데, 차마 손 놓고 있다고 말씀을 못 드려서 추후에 보고 드린다고 얼버무렸는데요."

"팀장님, 저희가 개발 중인 빌딩플랫폼에 대해 현재 시장경쟁상황에서 냉정하게 보면 기술력 면에서는 외국계 빌딩플랫폼 전문기업들이 앞서고 있고, 가격 면에서는 중소기업의 빌딩플랫폼이 훨씬 경쟁력을 가지고 있습니다. 게다가 이전 팀장님이 본부장님은 물론 CEO에게까지 온갖 장밋빛으로 보고까지 다 마쳤습니다. 즉 윗분들께 광 팔 것은 다 팔았다는 얘기지요. 이미 계획단계에서 충분히 어필한 그 업무에 대해 아무도 그 업무를 하려고 하지 않을 것 같습니다. 그렇다고 개발한다고 한들 시장에서 성과가 나오는 것을 기대하기도 어려울 테고… 이미 지난해 실무를 맡았던 담당자도 팀을 옮긴 마당에 말이죠."

상황은 이렇다. 이미 전임자가 사업을 기획하는 단계에서 한껏 포장하여 경영진에게 강력하게 어필한 사업이지만, 정작 후속 업무가 진행되지 못하고 있는 것이다. 시장경쟁에서는 뒤처지고 있고 제품 판매를 위한 개발조차 마무리되지 못해서 현장에서 활용도 못 하고 있는 상황이다. 케이는 전임자로부터 물려받은 이 업무를 어떻게 처리해야 할지 난감하다. 케이는 팀원 한 명 한 명과 면담을 하며 빌딩플랫폼 고도화 업무를 맡아 달라고 얘기해 봤지만, 박 차장의 예상대로 누구도 해당 업무를 맡겠다고 하는 직원은 단 한 명도 없었다.

한편 작금의 팀의 상황을 살펴보면 팀의 최연장자인 황 부장과 황 부장을 따르는 신 차장은 어리숙한 신임 팀장의 어려움은 뒤로하고, 본인들끼리 지방 출장 다닐 생각에 들떠 있는 듯하다. 그들은 지역본부의 영업사원들과 좋은 관계가 형성된 지자체 위주로 사업 제안을 해서 사업 기회를 확보했다고 어필해 올 것이다. 물론 초보 팀장 케이는 사업 기회의 실체를 스스로 검증할 수 없을 것이다. 경력직으로 온 홍 과장은 입사 3년 만에 겨우 이 회사에 정을 붙이고 다니기 시작한 단계다. 타 부서들과 협업을 많이 해야 하는 업무나 매출 비중이 높은 업무에 대해서는 여전히 부담감을 많이 느끼고 있다. 막내인 김 대리는 회의실 예약부터 전표처리 등 팀의 온갖 궂은일을 도맡아 하고 있다. 명색이 해외파인데, 너무 허드렛일만 시키는 것은 아닌지 걱정되기도 하지만, 정작 본인은 중량감 있는 업무보다 큰 고민 없이 처리해도 되는 단순 업무를 더 선호하는 듯하다. 아무래도 과거 선배들이 회사에 충성하여 성공해 보겠다고 생각했던 것과는 달리 회사에서의 성공보다는 본인의 삶의 질 유지에 관심이 많은 것 같다.

결국, 빌딩플랫폼 고도화 업무는 차석인 박 차장과 케이가 함께 개발부서에 개발 현황을 확인하고 현시점에서의 사업추진 방향에 대한 보고서를 작성하여 본부장님께 보고하기로 했다. 본인의 조기성과 창출에 도움이 되지 않는 업무에 대해서는 누구도 나서지 않는다는 뻔한 결론만 다시 한번 확인한 셈이다.

비록 케이가 초임 팀장이기는 해도 팀장은 팀장이다. 케이는 모두가 기피하는 빌딩플랫폼 업무 배정 이슈를 계기로 팀원들 개개인의 하반기 업무목표를 재조정하기로 했다.

사실 케이가 팀장으로 오기 전의 상황을 살펴보면 팀 전체의 매출목표에 대해서는 모두 인지하고 있었으나, 개인별 목표는 촘촘하게 관리되지 않고 있었다. 또한 케이가 팀장의 고유 권한이라고 생각하는 인사평가권에 대해 직원들은 아무도 그렇게 생각하지 않는 듯했다. 알고 보니 이 팀은 직속 상사인 팀장보다 P 상무의 눈도장을 받아야 좋은 인사평가 결과를 얻을 수 있다고들 생각하고 있었다. 과거 팀원들의 평가과정에서 상무의 입김이 어느 정도 작용했음을 확인할 수 있는 대목이다. 어찌 보면 당연한 이치다. 팀장 역시 상무의 평가를 받아야 하므로 팀원 평가에 대해 상무가 일정 부문 의견을 주면 외면하기 어렵기 때문이다. 이런 와중에 대부분의 팀원들에게는 팀에 부여된 목표에 대해 팀 공동의 목표라는 인식보다는 팀장 스스로 해결해야 하는 몫이라는 마인드도 존재했다.

사실 케이 회사의 성과급 제도상으로는 전사 성과에 따른 성과급은 있지만, 팀별 성과급은 따로 없었다. 냉정하게 얘기하면 팀 목표를 달성하든 안 하든 급여에 영향은 없다. 아마 케이의 전임 팀장도 이런 상황에서 고군분투하다가 날아갔을 것이다.

이런 상황에서 케이가 살아남으려면 직원들의 마음자세를 고쳐야 한다. 케이는 개인적으로 친분이 두터운 인사팀 선배에게 찾아가 고민을 토로하고 조언을 구했다. 그는 상무를 대하는 직원들의 태도를 잘 살펴봐야 할 것 같다고 얘기해주었다. 선배의 조언대로 팀원들의 행동을 유심히 살펴보았다.

그리고 머지않아 예상은 했지만, 확신을 갖지 못했던 핵심 원인을 찾을 수 있었다. 예상대로 직원들은 연중에 부임한 신임 팀장 케이의 인사평가 권한이 제대로 작동하지 않을 거라고 생각하는 것을 확인할 수 있었다. 팀원들은 수개월 후에 있을 인사평가에서 케이가 팀원들을 평가하는 것보다 그 과정에서 P 상무의 입김이 강하게 작용할 거라고 예상하고 있었다.

그도 그럴 것이 플랫폼사업팀의 직원 중 김 대리를 제외하고는 모두 P 상무와 개인적인 인연이 있는 관계였다. P 상무가 팀장에서 상무로 승진할 때, P 상무에게 큰 실적을 안겨줘서 P 상무를 상무로 만들어주었다고 하는 사람, P 상무가 경력직으로 채용하는 과정에서 도움을 많이 준 사람, P 상무와 고향이 같은 사람처럼 말이다. 그러니까 당연히 초보 팀장 케이가 지시하는 업무보다 P 상무가 시키는 잔심부름 하나, P 상무와 함께 하는 술자리가 그들에게는 더 중요했다. 퇴근 후 누군가가 P 상무와 맥주라도 마시고 있다고 하면, 혹시 P 상무 앞에서 본인 험담이나 하지 않을까 해서 먼 곳에 있다가도 기어이 그 술자리까지 찾아가는 직원도 가끔 보였다.

케이는 이런 상황이 지속되면 팀의 성과는 물론 업무 기강에도 심각한 문제가 생길 것을 직감하고 P 상무에게 면담을 청했다.

"상무님, 제가 팀에 온 지 비록 한 달도 되지 않았지만, 팀을 통제하는 데 많은 어려움을 겪고 있습니다. 업무에 대한 전문성도 부족하고, 저보다 나이도 많은 부장, 차장들은 아무래도 저를 본인의 팀장으로 온전히 인정하기가 쉽지 않은 모양입니다."

"네, 팀장님. 고생 많으시네요. 그래서 제가 뭐 도와드릴 거라도 있을까요?"

"석 달 후에 있을 올해 인사평가에서는 지금까지의 실적은 안 보기로 하고, 지금부터의 개인별 성과기반으로 제가 소신껏 평가할 수 있도록 상무님이 도와주시면 감사하겠습니다. 물론 상반기 때 성과를 많이 낸 직원도 있겠지만, 이 부분은 평가 과정에서 일정 부분 고려하도록 하겠습니다."

"네, 팀장님. 팀장님이 어떤 의미에서 그런 말씀을 하시는지 알겠습니다. 그렇게 하시지요. 그런데 사실 그 사람들 제 얘기도 잘 안 듣습니다. 허허허."

케이는 팀을 통제할 수 있는 최소한의 칼자루를 이제야 잡게 된 것 같은 기분이었다.

케이의 한마디

회사 내에서의 본인의 입지는 누가 대신 만들어 주지 않는다. 당신이 일개 팀장이라면 평가 권한만이라도 확실히 확보하라. 팀원의 로열티가 달라질 것이다.

가난한 집 제사처럼
돌아오는 업무 보고

마음의 날씨: 흐림 ☁

"홍 과장님, 저희 팀 이번 달 매출목표가 얼마였죠?"

"35억 원이었습니다."

"현재 예상되는 매출 전망은 어느 정도인가요? 본부 월간보고 자료에 넣어야 하는데요."

"네, 현재 31억 원 정도 수준에서 마감할 것으로 예상됩니다. 지난주에 보고 드릴 때는 원래 OO 시청 통합플랫폼 개발사업으로 3억 원 정도의 추가 매출 확보가 가능할 것으로 전망했습니다만, OO 시청 내부 사정으로 플랫폼 개발계획이 진면 재검토된다고 하여 사업이 지연되고 있습니다."

"아… 그렇군요. 그러면 다음 달에는 이번에 지연되고 있는 3억 원 매출 확보가 가능하겠죠? 이번 달에는 목표달성을 못 했지만 순연되는 OO 시청 사업으로 다음 달에는 목표 달성 가능할 것 같다고 해야 조금이나마 덜 깨질 것 같아서요. 그나저나 큰일이네요. 임원분들은 10월로 예정된 임원평가용 실적 마감 시점이 다가오면서 실적으로 매우 조급해하시는데요. 아무튼, 개발부서와 영업부서와 협업해서 OO 시청 건이 더 늦어지지 않도록 최대한 노력해 보시죠."

64

1인 기업이 아닌 이상 '보고'는 의사결정을 위해서는 어쩔 수 없는 절차다. 특히 케이의 회사같이 규모가 큰 기업들은 각종 보고 자료의 작성과 검토, 그리고 이와 관련된 회의들로 업무가 넘쳐난다. 팀원이었을 때의 보고와 팀장이 된 이후의 보고는 확연히 다르다. 팀원이었을 때는 통상적인 업무 관계로 진행하는 보고가 대부분이었고, 보고를 받는 대상자도 팀장 한 명인 경우가 많았다. 간혹 초급 임원인 상무에게 보고할 기회가 생기기도 하지만, 보고 내용에 대한 책임은 결국 팀장의 몫이다. 보고는 팀원이 하더라도 보고 내용에 대해서는 팀장과 합의된 내용으로 보고를 할 테니까 말이다.

케이가 팀장이 되고 나니 케이의 업무용 메일 계정으로 상시적인 업무 보고와 각종 회의 일정 초대가 날아든다. '본부주간 업무 회의'는 매주 월요일 아침 9시에 진행된다. 딱히 보고할 만한 것이 없을 때는 일요일 오후부터 기분이 다운된다. 매주 월요일에 있을 본부 주간업무 보고

주간 스케줄 (상시회의: 음영)

구분	월	화	수	목	금
09:00~10:00	본부 주간업무 보고	시너지전략회의		매출 점검 회의	신규사업 제안 검토 회의
10:00~11:00					
11:00~12:00	업무공유 미팅		A-TF 점검 회의		
13:00~14:00					
14:00~15:00			K 협력사 개발점검 회의		
15:00~16:00		팀원 코칭			
16:00~17:00	B 프로젝트 제안점검			팀 주간 회의	담당 주간 회의
17:00~18:00					

자료를 만들고, 담당 차원에서 리뷰를 하는 회의가 금요일 오후에 잡히니, 본부 주간 회의를 위해 최소한 월요일 오전과 금요일 오후는 고스란히 사무실에서 보고를 위해 시간을 써야 한다는 얘기다.

여기에 매달 월말마다 진행되는 '월간 실적보고'에 '분기별 실적점검회의'는 물론 타 본부와의 각종 '협업회의'까지 생각하면 과연 보고와 회의를 하려고 회사에 다니는 건지 착각이 들 때도 있다. 하긴, '팀장이 이 정도인데, 임원들은 어떨까'라는 생각이 들기도 한다.

문제는 이렇게 회의만 하고 보고서만 쓰다 보면 정작 보고서에 담을 콘텐츠를 만들어 내지 못한다는 점이다. 뭔가 새로운 사업 아이템이 있거나, 매출 목표를 달성했을 때는 보고서 작성이 즐겁고 회의에 참석하는 것이 무척 기다려진다. 물론 그런 날은 매우 드물겠지만 말이다. 보고 할 아이템이 없는 팀, 목표를 달성하지 못하는 팀의 팀장에게 회의와 보고자리는 고역이다. 남들이 기피하는 부서로 손꼽히는 플랫폼사업팀의 팀장인 케이 역시 이런 상황을 경험하는 중이다. 실적 보고 회의가 있는 날에는 일찌감치 회의실에 들어가서 본부장 자리로부터 최대한 멀리, 눈에 띄지 않는 곳으로 잡는다. 그리고 한 팀 한 팀의 보고를 듣는 둥 마는 둥 하며 순서를 기다린다. 본부장의 심기를 살피면서⋯. 가끔은 운이 좋아 앞쪽 팀이 자랑할 것이 많거나, 깨질 일이 있어서 시간을 많이 써 준다면, 참 고마울 따름이다. 그래도 결국 순서는 돌아오는 법이다. 케이는 시작한다. "플랫폼사업팀 보고 드리겠습니다. 매출목표 35억 원 중, 31억 원 달성이 전망됩니다. 미달성 사유로는⋯ 개발부서와 협업해서 매출 부족분을 최대한 빨리 채우도록 하겠습니다. 죄송합니다.”

케이는 아직 순진하고 착한 초보 팀장이다. 최소한 업무 보고에 있어서는 말이다. 흔하지 않지만 어떤 팀장은 본인 팀의 실적이 나쁠 때는 이런 저런 구실을 만들어서 본인이 회의에 참여하지 않고, 팀원을 본인 대신 팀장급 회의에 대신 보내는 사람도 있다. 또 일부 베테랑 팀장들은 이런저런 핑계로 애당초 임원들의 기대치를 한 껏 낮춰 놓고 나서, 정작 보고할 때가 되면 본인이 온갖 어려움을 모두 극복하고 이런 성과를 이뤄 냈다고 자랑하기도 한다. 처음부터 그 정도의 성과가 나올 것을 예상하고 있었으면서 말이다.

팀원들이 생각하는 뛰어난 팀장은 연말이나 연초에 확정되는 팀의 목표 자체를 낮게 받아오는 팀장일지 모르겠다. 목표가 세팅되는 데 약 1개월이 소요된다면, 나머지 11개월은 그 목표를 따를 뿐이니까. 놀라운 것은 목표설정과정에서 불협화음이 생기더라도 일단 목표가 설정되면 대부분의 부서들은 모두 그 숫자를 받아들이고 전진한다. 설령 그 목표가 잘못 설정되었다 하더라도 뒤늦게 그 목표의 부당함을 주장해 봤자, 듣는 임원들과 내부 경쟁자들은 패배자의 변명으로 간주할 뿐이니까.

케이의 한마디

회사를 다니면 다닐수록 당신이 참여하는 회의는 늘어날 것이다. 회의를 즐길 수 없다면, 회의를 잘할 수 없다면 당신이 회사생활에서 원하는 그 자리에 올라설 수 없다.

팀원들의 업무 보고,
어디까지 믿어야 하나

"황 부장님, 금주 초에 다녀오신 부산 출장은 어땠나요?"

"네, 팀장님. 부산본부 영업사원과 함께 고객사에 방문해서 선제안을 하고 왔습니다."

"고객사 반응은 어땠나요?"

"고객사 사정으로 임원까지는 못 만났지만, 실무자와 그쪽 팀장은 저희 서비스플랫폼에 굉장히 만족했습니다."

"사업 규모가 어느 정도 됐죠? 대략 프로젝트 기간 1년에 매출은 2억 원 정도 수준이었나요?"

"네, 팀장님. 저희가 제안한 수준은 2억 원 수준이지만, 고객사가 추가로 요구하는 과업들이 있어 최대 3억 원 수준까지도 가능할 것 같습니다."

"제가 뭐 도와 드릴 일은 없을까요? 다음 주 후반에 일정이 괜찮은데 저와 같이 부산에 한번 함께 가 보시면 어떨까요?"

"아뇨! 팀장님. 굳이 팀장님까지는 가지 않으셔도 됩니다. 제가 자주 내려가서 상황을 잘 살피도록 하겠습니다."

팀장은 늘 성과에 목마르다. 항상 조급할 수밖에 없다. 케이 역시 그렇다. 다만 조급함의 티를 안 내려고 부단히 노력할 뿐이다. 아직 업무에 깊이가 부족한 신임 팀장 케이 같은 사람은 사업을 꿰뚫어 보는 통찰력이 미천하다. 매주, 매달 있는 업무 보고에 보고할 만한 사안이 없으면 초조해진다. 황 부장 같은 베테랑 팀원들은 이런 팀장의 조급함과 초조함을 너무 잘 알고 있다. 마음만 먹으면 얼마든지 초보 팀장을 속일 수 있다. 게다가 20년도 훌쩍 넘은 직장생활 경험을 가진 베테랑 직원들은 팀장의 뇌 구조는 물론 회사의 평가 시스템을 꿰뚫어 본다.

월급도 받을 만큼 받고, 굳이 임원까지 되고자 하는 생각도 없고, 임원이 될 확률이 희박한 베테랑 팀원들은 회사의 성과관리체계나 인사평가시스템의 속성과 초보 팀장의 어리바리함을 하이에나처럼 이용한다. 케이 같은 초보 팀장을 속이는 건 그들에게는 일도 아닐 것이다. 방법은 간단하다. 우선 평소 친하게 지내는 영업사원에게 연락해서 그 영업사원이 관리하는 고객사에 대형 사업 기회가 있다는 내용의 이메일을 보내라고 한다. 가능하면 그 사업 기회에 정부나 지자체의 정책자료 또는 해당 고객 기업의 사업계획까지 가미되면 금상첨화다. 그 사업 기회에 대해 본사 책상에 앉아 있는 성과에 목마른 초보 팀장이 꼼꼼하게 팩트 체크하고 검증하는 절차를 갖기는 쉽지 않다. 어쩌면 팀원들이 보고하는 사업의 현실성이 떨어지더라도 속아주는 예도 있다. 매주 찾아오는 주간실적 점검 회의나 본부장이 참여하는 월간회의에서 조금이라도 덜 깨지려면 뭔가 새로운 아이템이 있어야 하기 때문이다.

황 부장과 같은 유형의 직원들은 팀장에게 대략적인 사업 기회에 대한 보고를 진행한 후에 당당하게 며칠씩 출장을 다닌다. 그들이 선호하는 출장지는 본사와 멀리 떨어진 지방 주요 도시다. 때에 따라서는 평소 관계가 좋은 협력사들과 함께 가기도 하고, 다른 팀원들을 대동하고 출장을 가기도 한다. 그러나 팀장이 함께 가지고 하면 한사코 사양한다. 케이가 팀장으로 온 이후 황 부장은 그렇게 몇 달을 보냈지만, 정작 계약까지 체결한 사업은 단 한 건도 없다.

처음 보고할 때만 해도 한 달이면 최종 계약까지 할 수 있다던 사업이 두세 달 동안 예산편성, 고객사 임원출장, 가격 문제 등으로 차일피일 계약이 늦춰지고 있다고 보고한다. 본인 입장에서도 사업 진행이 시원스레 안 돼서 답답해 죽겠다는 시늉을 하고는 담배를 피우러 나간다. 황 부장 입장에서는 그렇게 몇 달 사무실 밖으로 돌면 본인보다 나이 어린 팀장 눈치 안 봐도 되고 본인이 하기 싫어하는 보고서 작성이나 문서작업도 안 해도 된다. 만약 운이 좋아서 연말 인사 개편 시기에 윗사람들이 다 바뀌면 내년에도 올해 얘기했던 사업 아이템들을 재탕 삼탕 하며 또 한 해를 보낼 수 있을지도 모른다.

물론 회사에 따라 이런 행태를 좌시하지 않는 곳도 많다. 또한 팀장의 성향과 역량에 따라 이런 징조가 나타나면 지체 없이 강력한 경고를 하거나, 절대 속아 넘어가지 않는 사람들도 있다. 치열한 시장경쟁 속에서 단기성과를 중요하게 보는 회사의 시스템과 업무 전문성과 조직 장악력이 부족한 초보 팀장의 조합은 베테랑 팀원 입장에서는 회사를 편하게 다닐 기회다. 초보 팀장이 베테랑 팀원의 먹잇감이 될 수 있다는 점을 팀장 본인은 물론 조직도 명심해야 한다.

다행히도 대부분의 팀원들은 누구보다 성실히, 그리고 묵묵히 본인의 과업에 충실히 임해주고 있다. 너무 순진해서 본인들의 성과를 포장하지 못하고, 충분히 스포트라이트를 받을 수 있는 큰일을 해냈음에도 조용히 공을 다른 이에게 넘기는 팀원들도 많다. 만약 누군가 팀장에게 팀원들의 업무 보고를 어디까지 믿어야 하냐고 묻는다면, '팀장이 믿고 싶은 만큼, 신뢰하는 만큼 믿으면 된다'라고 말할 수밖에 없겠다. 한편으로는 팀원들도 알아야 한다. 팀장들이 알고도 속아주는 경우도 매우 많다는 것을.

케이의 한마디

상급자를 성공적으로 속였다고 생각하지 마라. 그 역시 본인이 믿고 싶은 대로 믿고, 생각하고 싶은 대로 생각할 뿐이다. 티 안 나게 속아 주는 척하는 것도 리더에게 필요한 역량이다.

드디어, 빅 프로젝트
수주에 성공하다!

마음의 날씨: 맑음 ☀

"홍 과장님, 드디어 내일이 X 프로젝트 최종제안 발표날이군요. 제안 프레젠테이션 리허설 준비는 어떻게 되어가고 있죠?"

"네, 팀장님. 오늘 오후 3시에 영업본부와 컨설팅본부 임원 및 팀장님들이 대회의실에 모여서 모의 프레젠테이션 진행하기로 했습니다."

"경쟁사 동향은 어떤가요? 제안에 공격적으로 참여할까요? 지난번 다른 프로젝트 때처럼 근소한 차이로 떨어지면 안 될 텐데요."

"불행인지 다행인지 모르겠지만, 협력사 지인을 통해 확인해 본 바로는 경쟁사 중 A사의 플랫폼 사업 담당 부서의 금년도 수주 실적이 너무 좋아서, X 프로젝트 입찰에 무리한 가격으로 들어올 것 같지 않다고 합니다. 그리고 B사는 플랫폼 기술 수준이 우리 회사 수준보다 한참 떨어지는 관계로 고객사에서 별로 선호하지 않습니다."

"이번 프로젝트가 큰 기회네요. 우리 플랫폼사업팀과 영업팀, 컨설팅팀의 합작품인 만큼 이번 사업은 꼭 수주합시다!"

'운칠기삼(運七技三)' 아마 사회생활을 하면서 역지사지(易地思之)와 더불어 가장 많이 듣는 사자성어 중의 하나가 바로 이 말이다. 운칠기삼은 대개 다른 동료의 승진이나 임원이 잘나가는 얘기를 할 때 꺼내 쓰는 대표적인 표현이다. 이번에는 케이에게도 운이 좀 따랐던 것 같다. 거의 50억에 육박하는 대규모 장기 플랫폼 구축 및 운영사업 기회가 생긴 것은 이미 일 년여 전의 일이었다. 케이의 전임자는 고객사의 특성과 요구사항을 세심히 분석하여 완성도 높은 제안서를 준비했으나, 고객사의 내부사정으로 약 1년간 지연됐고, 그 사이에 케이가 플랫폼사업팀의 팀장이 됐다. 다행스럽게도 케이의 회사에서 영업을 담당하던 직원이 변경되었는데, 그는 고객사의 핵심 임원과 중학교 동기동창 사이였다. 평소에도 꽤 친하게 지내며 골프도 자주 치는 사이인데 비즈니스 관계로 만나게 된 것이다. 사업의 규모가 상당한 만큼 경쟁이 치열했으나, 사업의 핵심 이해관계자들이 교체되며 케이의 회사에는 매우 유리한 방향으로 사업환경이 바뀌었다.

케이 역시 이번 사업의 중요성을 잘 알기에 약 3개월 전부터 유관 부서와 함께 이번 사업 수주를 위한 v-TF까지 만들어서 사업을 꼼꼼히 챙겨왔다.

앞서 다양한 에피소드를 통해 얘기한 대로 팀장이 된 이후 케이의 마음고생은 이만저만이 아니었다. 가끔은 '내가 이런 고생을 하려고 팀장이 되었나? 그깟 팀장이 뭐라고…'라는 생각이 하루에만 몇 번씩 드는 날도 있었다. 이런 어려운 시간을 겪고 있는 케이이기에 이번 프로젝트는 많은 의미를 가진다. 우선 케이는 X 프로젝트를 완벽하게 수주해서 임원들에게 뭔가를 보여주고 싶었다. 초대형 프로젝트 수주는 초보 팀장 케이 스스로 큰 자신감을 심어 줄 것이다. 임원뿐 아니라 팀원들에게도 케이가 진정한 팀장으로 인정받을 수 있는 길을 터 줄 거라는 생각에 케이는 지난 몇 달간 정말 열심히 이 프로젝트에 몰입했다.

흠잡기 좋아하는 사람들이나 케이를 경쟁자로 보는 인근 팀장들은 '플랫폼사업팀이 그 프로젝트를 왜 그렇게 열심히 하지? 이미 영업사원 인맥으로 거의 수주하는 사업 아닌가?'라고 말하며, 사업 수주의 가치를 폄하하는 발언을 하고 다닌다는 소식도 들었다. 하지만 아무리 영업적 관계를 잘 형성했더라도 절로 이루어지는 사업은 없다. 수십억짜리 계약을 하는 주체가 고작 담당자들의 학연으로 계약을 맺는다는 게 가당하기나 한 말인가? 케이는 고객사의 니즈를 체계적으로 분석하여 영업팀이 제안할 수 있는 최고의 플랫폼사업 아이템을 접목시켜 높은 기술점수를 확보할 수 있도록 사업을 설계했다. 또 재무적 성과와 사업적 리스크를 꼼꼼히 챙겨 가며 주관사업팀의 역할에 충실히 임했다. 경쟁사와의 경쟁 시나리오 분석과 고객사 특화 제안 아이템까지 준비하여 최종 제안에 참여했다.

이런 일련의 과정을 겪으며 팀원일 때는 느끼기 어려웠던 성과에 대한 책임과 사업 실패의 부담 같은 팀장 자리의 무게감을 몸소 체험하게 됐다. 오죽했으면 최종 사업평가일과 사업자 선정 발표날에는 잠도 잘 못 잤다. 또 어렵게 잠이 들면 꿈에서도 X 프로젝트가 나오곤 했다. 결국, 3:1의 경쟁을 뚫고 케이의 회사가 우선협상대상자로 선정됐다. 플랫폼사업팀의 팀장을 맡고 보낸 그간의 고생이 주마등처럼 스쳐 간다. 드디어 케이가 사업의 희열을 맛본 것이다.

케이의 한마디

진심으로 노력하면 한 번쯤 기회가 온다. 지금 당장 일이 잘 안 풀린다고 실망하기에 지금이라는 시간은 조금 이를지도 모른다.

한 몸처럼 움직였건만,
영광은 그들에게

마음의 날씨: 씁쓸함

"케이 팀장, 축하하네. 이번에 플랫폼사업팀에서 큰 건 하나 했다면서?"

"네! 감사합니다. 상무님. 저희 플랫폼사업팀이랑 국내영업1팀, 컨설팅팀이 v-TF 만들어서 지난 3달간 열심히 준비했습니다."

"근데 내가 비서팀장에게서 들었는데 말이야. 어제 저녁 때 국내영업1팀장이 이번에 사업 수주한 것을 CEO에게 비공식적으로 보고했다고 하던데?"

"에이, 설마요. 3개 팀이 고생해서 수주한 사업인데, 지난 회의 때 사업 수주하면 공동으로 CEO 보고하기로 했었는데요?"

"아이고, 이 친구 순진하구먼. 국내영업1팀장이 올해 승진대상이잖아. 그리고 영업팀은 이번 프로젝트 말고 별다른 성과가 올해 없을걸? 영업팀장이 승진하려면 임원들에게 어필을 제대로 해야 하는데, 이번 건으로 승부를 보려는 거지! 뭐 플랫폼사업팀이랑 컨설팅팀의 도움도 조금 있었다고 언급은 한 것 같은데, 대부분은 영업이 잘해서 빅 프로젝트 수주했다고 한 모양이야."

"에이, 진짜로 국내영업1팀장님이 그러셨다고요? 진짜 그렇게 성과를 독식하시면 우린 뭐가 되는 거죠? 도대체 왜 그러셨을까요? 단지 본인 승진 때문인가요?"

"물론 그것도 있고. 소문으로는 영업본부 김 상무가 갑자기 글로벌 기업으로 스카우트 되면서 영업본부에 임원 자리 하나가 공석으로 생겼는데, 국내영업1팀장이 이번 사업 수주로 CEO에게 어필해서 그 자리를 꿰차려고 작업한다는 소문도 있고…."

"그렇다고 몇 달간 동고동락한 우리들을 버리고 그러셨다는 건 정말 실망이네요."

"이미 영업본부에서는 '올해의 팀장' 후보로 올릴 기세더라고. 케이 팀장! 자네는 아직 젊은 팀장이니까 영업팀장 하는 것도 잘 봐 둬. 조직에서 크려면 말이야."

어쩌면 회사생활도 정치판과 비슷하다 보니, 영원한 적도 영원한 동지도 없는 게 당연할지도 모르겠다. 뜨거운 여름부터 초겨울을 맞이하는 지금까지 X 프로젝트 수주를 위해 플랫폼사업팀, 국내영업1팀, 컨설팅팀이 한 몸처럼 움직였다. 회의실에서 함께 회의한 것만 해도 수십 번이고, 일주일이 멀다 하고 함께 회식하고, 형님 동생 하며 One Team으로 거듭났건만.

케이는 국내영업1팀장의 돌발행동으로 '사람'에 대한 배신감은 물론, '조직생활'의 본질을 생각하게 됐다. 임원이 되려면 저렇게까지 해야 하는 건가? 물론 뛰어난 성과와 인격, 그리고 진정한 리더십을 보이며 승승장구하는 사람들도 있겠지만, 그렇지 않은 사람들이 더 많을지 모른다는 생각이 들었다. 또 남을 배신하고 공을 가로채 가며 살아야 결국 그 자리까지 가는 건가 하는 회의감도 들었다.

회사는 대학 동아리나 친목 단체가 아니다. 이런 불만을 영업팀장에게 직접적으로 쏟아붙여 봤자 달라질 상황은 아무것도 없다. 어언 10년 가까이 영업팀장만 해 온 사람인데, 말을 얼마나 잘할까? 안 봐도 훤하다. 영업팀장은 이런 얘기를 쏟아내며 변명할 것이다. "CEO 보고 기회가 갑자기 생겼고, 컨설팅팀과 플랫폼사업팀이 바쁠 것 같아 부담 주지 않으려고 영업팀에서 보고서를 만들었다. CEO께 보고하면서 두 팀에 많이 도와줘서 프로젝트 수주했다고 어필을 많이 했다. 미리 얘기하지 못해 미안하다"라고.

하지만 이건 팀장들만의 문제가 아니다. 팀별로 프로젝트를 위해 가장 일 잘하는 직원을 1~2명씩 차출했다. 프로젝트가 성공적으로 수주된 걸 보며, 팀장들뿐 아니라 직원들도 각자 나름대로 기대했을 것이다. '혹시 특별 포상금은 없을까?', '우수 직원 포상이라도 받지 않을까?', '특별 승진까지는 몰라도 승진에 꽤 유리하게 작용하겠지?'라는 생각들 말이다. 케이 역시 이번 프로젝트로 숱한 고생을 한 홍 과장에게 면목이 없다. 뭔가 상이라도 받게 해주고 싶었는데 말이다.

이미 영업팀에서 CEO에게 한참 어필을 한 이상, 이번 프로젝트 성공에 대한 인정과 포상은 영업팀을 중심으로 제공될 것이다. 영업팀이 비록 상을 받고, 임원이 될지는 모르겠으나, 한 지붕 아래서 일하는 동료들에게 인심을 잃을 게 확실하다.

케이가 뒤통수를 제대로 맞았다. 케이 성격상, 적어도 아직은 본인이 잘 되겠다고 이런 식으로 뒤통수를 칠 만한 주제는 못 된다. 하긴, 언젠가 케이도 절박해지는 상황이 오면 누군가의 뒤통수를 치고, 또 밟고 올라갈지도 모르겠다.

케이의 한마디

그들이 알아줬으면 좋겠다. 남의 눈에 피눈물 나게 하면 그들도 피눈물 흐르게 될 날을 곧 맞이할 것이라는 사실을….

#

팀장에게 불리하게
돌아가는 세상

늘어난 회식,
빼기 어려운 술자리

마음의 날씨: 비

"케이 팀장, 벌써 저녁 6시가 거의 되었네요? 혹시 오늘 저녁 때 약속 있으세요?"

"뭐 특별한 것은 없습니다만, 저녁이라도 함께 하실까요? P 상무님?"

"아니 뭐, 바로 퇴근하셔도 되긴 하지만 케이 팀장이 요즘 고생이 많은 것 같아서 맛있는 거라도 사 주려고요. 어려운 자리 맡겨 놓고 너무 신경을 못 쓰는 것 같아 미안하기도 하고요."

"별말씀을요. 나갈 준비하겠습니다. 상무님 잠시만 기다려 주세요."

팀장이 된 후의 술자리 횟수는 아마 세 배쯤 늘어난 것 같다. 팀장이 되기 전까지는 누구보다 워라밸(Work & Life Balance)을 중요시하던 케이였다. 오죽했으면 플랫폼사업팀 팀장을 결정하는 과정에서 담당자인 P 상무에게 전화해서 확인했던 부분 중 하나가 회식의 빈도였다. "상무님, 그쪽 팀들은 회식을 많이 하나요? 혹시 상무님은 약주 좋아하세요?"였다. 그때 P 상무에게 '회식을 거의 안 한다'는 대답을 들었던 것이 귓가에 아직 남아있건만⋯. 알고 보니, P 상무는 술자리 없이 퇴근하는 날을 손에 꼽을 정도로 팀장 및 직원들과의 술자리가 잦았다. 나중에 P 상무에게 물어보니 회식을 많이 한다고 하면 케이가 팀장 직책을 마다할지 모른다는 생각에 그렇게 대답했다고 한다.

팀장이 되기 전에는 일주일에 한 번 정도 술자리를 가졌다. 그나마 회사와 엮인 사람들은 정말 친한 동기들과의 저녁 자리이거나, 팀원들도 열외 없이 참여해야 하는 피치 못할 회식 자리가 고작이었다. 그러나 술 좋아하는 직속 상사를 모시는 팀장이 되고 나니, 술자리의 빈도가 급격히 늘었다.

회식이 어떻게 늘었는지 케이의 회식 상황을 정리해 보자. 어쩌면 이 내용이 팀장들의 배우자들에게 참고가 될 수도 있겠다. 물론 회사 사람들과의 술자리를 그다지 좋아하지 않는 케이 사례를 기준으로 정리한 것이므로 공감하지 못하는 대한민국의 팀장들도 매우 많으리라 생각한다.

회식명	빈도	특징
직속 상사(임원)가 갑자기 부르는 회식	불규칙 1~2회/주	상사의 술 선호 여부에 따라 회식의 빈도와 차수가 결정됨 최악의 조합은 술 잘 마시는 상사와 알코올 분해 못하는 팀장
팀장끼리 회식	1~2회/월	선임 팀장의 애주 정도와 활용 가능한 예산 수준, 팀장 간의 친밀도에 따라 편차가 큼
팀 회식	1회/월	팀장과 팀원들의 일정을 조율하여 사전에 결정한 시간과 장소에서 진행되는 예측 가능한 회식, 팀장이 잠깐이나마 대장 노릇을 할 수 있는 유일한 시간

월간 실적 마감회식	1회/월	대체로 월간 실적 보고 하는 날 고생했다는 의미로 하는 회식으로 해당 월의 실적 및 임원들의 기분에 따라 건배 제의 횟수가 달라지는 것이 특징
각종 워크숍 회식	1회/분기	연수원 등에서 진행되는 워크숍 참석 시, 인적 네트워킹 강화라는 명목으로 정식행사의 뒤풀이로 진행되는 회식. 특히 고위임원들이 많이 참여할수록 회식 자리에서 파이팅하는 팀장들이 많아지는 것이 특징
협력사/거래처 회식	1~2회/월	사업협력이나 외부영업을 위해 협력사나 거래처와의 회식 자리. 과거보다 빈도가 줄어들긴 했으나 여전히 국내 정서에서는 한잔해야 일이 풀린다고 생각하는 사람들이 아직 많음
번개	1~4회/월	퇴근 후 마음 맞는 몇몇 동료들과 예고 없이 진행되는 회식으로 회사 내 네트워킹에 관심이 많거나 사내정치에 관심이 많은 사람들의 참여 빈도가 높음

초보 팀장 케이는 이런 다양한 회식에 참여하며 팀원 때처럼 마음 편히 술자리를 갖지 못할 때가 많다. 업무가 여전히 생소하다 보니 다음 날의 회의나 보고가 부담스럽기 때문이다. 맑은 정신으로 일찍 출근해서 업무를 파악해도, 그날그날의 업무수행이 만만치 않다. 술까지 안 깨면 오전 시간은 몽롱한 상태로 보내야 한다. 그럴수록 본인의 업무와 심리적 부담만 쌓이기 마련이다. 고참 팀장들은 술 마신 다음 날은 잘도 숨어 지내던데, 케이에게는 아직 그럴 여유나 배짱이 없다. 또 팀장의 빈자리를 능숙하게 처리해 줄 팀원을 아직 키워내지 못하고 있는 것도 그런 이유 중에 하나다.

위의 표에서 언급하는 회식 중, 그나마 잠깐이라도 팀장이 대장 노릇을 할 수 있는 회식은 '팀 회식' 밖에 없다. 이 역시 냉정히 들여다보면 팀장이 대장 노릇을 잠시라도 할 수 있는 건 단지 법인카드를 가지고 있기 때문일지도 모르겠다. 팀장들이 회식 자리에서 가장 이른 시간에 팀원들의 인기를 끌어 내는 방법이 있다. 그건 바로 법인카드만 주고 팀장이 빠져주면 된다. 팀 회식 때 케이는 1차만 함께 하고, 2차 때는 카드만 주고 빠지는 편이다.

20년 가까이 회사에 다녀보니, 왜 팀장들이 술을 많이 마시는지 알 것 같다. 위아래로 쪼임과 스트레스 받는 팀장들은 딱한 존재다. 팀원들은 팀장들의 뒷담화라도 하며 대동단결하지만, 팀장들은 임원들의 뒷담화를 하며 그들끼리 화합하지 못한다. 임원이 정말 싫어도 본인이 조직에서 더 성장하는 데 목줄을 쥐고 있는 사람이기에 행여 본인이 싫어하는 것이 소문이라도 날까 봐 티도 못 낸다. 승진은 고사하고 만에 하나 임원이 팀장 보직이라도 뺏는 날에는 팀원들 보기 창피해서 출근도 못할 팀장들도 있을 테니까. 팀장들은 본인이 즐거워지자고 마시는 회식 자리보다 본인의 직장 내 생존을 위해 참여하는 회식이 많다. 명목상으로는 빠져도 되는 회식이라 해도 본인이 빠지면 피해를 볼 것 같은 느낌이 드는 회식 자리가 너무 많다.

케이의 한마디

우리는 '남'인데, 우리가 '남'이가? 하며 '남들'과 회식을 한다. 그리고 술자리에서 '가족같이'를 외치면서 가족들이 싫어하는 회식을 한다. 팀장에게 회식은 업무의 연장이다.

누려야 할 근태,
관리해야 할 근태

마음의 날씨: 화창 ☀

"와! 이게 얼마만의 동기 모임이냐? 신입사원 시절에는 한 달이 멀다 하며 함께 만나서 서로 의지하며 살았는데… 벌써 입사 20년이 멀지 않았구나!"

"케이, 넌 팀장 된 지 이제 반년이 지났는데 할만하냐? 팀장 수당은 쏠쏠하고?"

"만만치 않아. 괜히 팀장 한다고 했나 하는 생각이 하루에도 몇 번씩 든다니까. 고작 몇십 만 원 더 벌자고 이렇게 사는 건 아닌 것 같아."

"뭐가 그리 힘든데?"

"최근에는 팀원들의 근태관리가 신경이 많이 쓰여. 요즘 트렌드가 휴가든 연차든 신청한 직원에게 꼬치꼬치 사유를 물어보는 분위기가 아니잖아. 그렇다고 업무가 바쁘다는 이유로 연차 신청을 반려할 수도 없고. 아마 사전 보고 없이 당일 날 아침에 올린 휴가 신청이라도 반려하는 날에는 끈대 팀장으로 완전히 낙인찍힐걸? 그렇다고 직원들 휴가에 맞춰서 업무가 돌아가는 것도 아니고, 휴가 잘 보내주는 착한 팀장이라고 매출 목표를 줄여주지도 않는데 말이야."

이런 생각 자체를 한다는 게 꼰대가 되었다는 반증일까? 이제 겨우 40대 중반인 케이가 입사했을 때만 해도 격주 토요일마다 근무했었다. 주 5일제가 도입된 직후에는 '진짜 5일만 일해도 회사가 굴러가긴 하는 걸까?'라는 의구심을 가졌던 사람들이 오늘의 팀장과 임원 세대일 것이다. 농업적 근면성으로 야근하고 늦게 퇴근하는 사람이 능력 있는 사람이라고 착각하는 상사들도 많았다.

'야근'하면 떠오르는 선배가 있다. 그는 케이가 신입사원 시절 매일 야근을 했다. 당시 케이도 가끔 그 선배와 사무실에 남아 야근을 종종 하기도 했다. 그 선배는 팀장과 다른 선배들이 퇴근하면 업무용 노트북으로 게임을 한참 하다가 밤 10시쯤 되면 팀장에게 메일 한 통 발송하고 퇴근했다. 하루는 케이가 그 선배에게 "그냥 메일 빨리 보내시고 집에 가서 가족들과 시간 보내거나 집에서 게임을 하는 게 더 편하지 않으세요?" 했더니 선배는 이렇게 대답했다. "밤 10시 정도에 메일을 쏴줘야 팀장이 내가 일을 열심히 한다고 생각할걸? 올해는 나도 승진도 해야 해서…." 밀레니얼 세대나 Z세대 후배들이 들으면 상상조차 안 되는 모습일지 몰라도 당시에는 흔한 풍경이었다.

한때는 매주 수요일은 가정의 날이라며 정시퇴근을 장려했던 적도 있다. 사실 이 말은 수요일 외에는 야근하는 것을 너무 억울하게 생각하지 말라는 의미이기도 했다. 하지만 현재의 우리는 '워라밸', '저녁 있는 삶', '스마트워킹', '재택근무', '칼퇴근'을 넘어 주 4일제 근무를 시행하는 회사도 있는 세상에서 살고 있다. 직책자 입장에서는 짧아진 근로시간뿐만 아니라, 업무시간 외의 시간에 업무에 대해 커뮤니케이션을 하는 데 상당한 부담을 느낄 수밖에 없는 시대가 되었다.

과연 팀원들은 줄어든 근무시간에 최대한 업무에 몰입해서 일하고 있을까? 얼마 전에 케이의 옆 팀장이 케이에게 하소연하듯 던진 말이 생각난다.

"케이 팀장님, 우리 팀에 애연가 차장님 있는 거 아시죠? 제가 출근해서 퇴근할 때까지 그분이 담배를 얼마나 피우러 가는지 세어 본 적이 있어요. 자그마치 11번 가시더라고요. 담배 피우는 걸 가지고 뭐라고 해봤자, 담배도 못 피우게 한다고 따질 것 같아 아무 말도 안 하고 있습니다만, 일은 언제 하나 싶네요."

점심시간은 분명히 12시부터인데, 11시가 넘으면 팀원 한두 명이 사라진다. 12시에 구내식당이 너무 붐빈다는 등 이런저런 이유를 대며 긴 점심시간을 만끽하는 팀원들이다. 회사 카페에서 삼삼오오 모여 여유 있게 커피를 마시고, 인근 공원에서 운동하는 사람들도 많다. 물론 이런 모습 자체가 나쁘다는 뜻이 아니다. 오히려 점심시간의 이런 활동들은 개인의 신체와 정신 건강은 물론 업무능률에도 도움이 된다고 본다. 하지만 오전 9시 칼출근, 오후 6시 칼퇴근을 하면서 일과시간에 커피, 흡연, 산책 등을 꼼꼼히 챙기는 직원들을 보면 부럽다 못해 질투하는 마음이 생기는 것도 사실이다.

하긴 요즘에는 언제 어디서나 자유롭게 소통하며 협업하는 문화를 장려하는 것이 대세이긴 하다. 밀레니얼 세대나 Z세대의 비중이 높은 회사들은 개인 책상을 작게 만들고 협업공간을 늘린다든지 자율좌석제를 도입하는 회사들도 많다. 직장인들에게 단순한 '책상' 이상의 의미를 가지는 '내 자리'에 대한 생각이 조금씩 변하고 있다. 게다가 이런 트렌드는 2020년 전 세계를 강타한 코로나 19로 인해 근무 공간에 대한 인식에 상당한 변화를 가져왔다. 어디서든 본인 일만 잘하면 되는 건데…. 아직은 그런 업무처리 방식이 확산되기에는 관리자와 직원들 간의 신뢰 형성이 부족한 게 아닌가 싶다.

현실로 돌아오면 여전히 팀장에게 팀원 근무태도 관리는 조직관리의 가장 기본이다. 직원들이 어디에서 일하는지, 혹시 불필요한 출장으로 회사 비용을 낭비하는 건 아닌지, 틀에 박힌 근무시간으로 어려워하는 직원들은 없는지 등을 꼼꼼히 살펴야 한다. 회사의 근무 기강 확립 측면에서의 근태관리와 성과 창출을 위한 근태관리가 공존하는 것이다. 즉, 근태관리를 잘 못 하면 팀장은 호구 팀장으로 전락할 수도 있다.

케이의 한마디

제도는 빨리 바꿀 수 있을지 몰라도 문화는 하루아침에 바꿀 수 없다. 실리콘밸리의 자유로워 보이는 사무실만 보지 말고 불이 꺼지지 않는 사무실도 함께 봐야 한다.

직급에 비례하지 않는
업무역량

마음의 날씨: 불안

"황 부장님, 저번에 C사에 제안하셨던 주차관제플랫폼 사업은 어떻게 진행되고 있죠? 어제 뉴스에 주차장 안전사고에 관한 내용이 나오던데, 기존에 작성하셨던 주차관제플랫폼 제안서에 어제 뉴스 보도내용을 추가하여 안전 관련 내용을 강화하면 좋을 것 같은데요?"

"C사 담당부서에서 검토하고 있는 단계입니다. 주차관제플랫폼을 도입하면 안전관리에는 당연히 도움이 되겠죠. 주차장 플랫폼의 기본 콘셉트가 365일, 24시간 끊김 없이 무인으로 관리해 준다는 겁니다."

"부장님, 그러면 어제 9시 뉴스 화면 이미지를 제안서에 반영해주시고, 관계자의 코멘트도 넣어주시겠어요? 오전 중에 자료를 만들어 주시면, 다른 영업팀장님들께도 활용하시라고 공유하겠습니다."

"팀장님, 죄송하지만 내일까지 드리면 안 될까요? 사실 주차플랫폼 개발협력사와 함께 작성한 제안서를 김 대리가 최종 마무리해 준 건데, 오늘은 김 대리 휴가잖아요."

"그다지 복잡해 보이지 않은 작업이라 30분 정도만 투자하시면 될 것 같은데요."

케이의 회사는 매년 초 팀장을 포함한 전 직원에게 해당연도의 자기계발 계획을 제출하라고 지시한다. 임원을 제외한 전 직원들은 50시간 이상 자기계발 활동을 해야 한다. 보통 자기계발 시간은 오프라인 집합교육, 온라인 교육, 사내외 세미나 참석 등으로 채워야 한다. 이런 자기계발 제도가 취지대로 잘 진행되어 왔다면, 고참 직원일수록 각종 업무 역량이 후배들보다 앞서야 하는데 실상은 그렇지 않다. 앞서 언급한 대로 직원들 대부분은 '자기계발 목표 시간을 채운다'는 생각으로 임한다. 아무리 수십 시간의 자기계발 계획을 세운다 한들 동기부여 되지 않은 자기계발 계획이 어떻게 취지에 맞게 직원들의 역량을 향상시킬 수 있겠는가? 사실 케이는 수년 전 인재개발 부서에서 3년간 근무한 경험이 있기에 역량계발에 대해서는 다음과 같은 나름의 생각을 하고 있다.

첫째, 업무역량은 직급에 비례하지 않는다.

매년 업무역량을 계발하면 직급이 높아질수록 일을 잘해야 하는데, 과장-차장을 정점으로 업무역량이 급속도로 낮아지는 현상을 자주 볼 수 있다. 최소한 문서작성과 관련된 업무역량에 한해서는 말이다. 부장이 되고 팀장이 되며 직접 보고서를 작성하기보다는 스토리 라인만 잡아 주거나 빨간펜 선생님의 역할만 하다 보니, 후배의 도움 없이는 한두

장 정도의 문서작업에도 큰 스트레스를 받는 경우가 많다. 물론 다양한 경험과 인맥 동원하여 업무를 풀어 가는 노하우와는 별개로.

둘째, 화려한 스펙이 해당 직원의 업무역량을 담보하지 않는다.

사람들은 일반적으로 본인이 갖지 못한 것을 가진 사람들을 높게 평가하는 경향이 있다. 케이의 회사에도 소위 SKY대학이나 해외 유명 MBA 출신을 비롯하여 수준 높은 국가자격증 보유자 등 화려한 스펙으로 무장한 직원이 정말 많다. 하지만 그들이 회사에 입사한 순간, 화려한 스펙은 과거형이 된다. 비록 박사라고 하더라도 본인의 업무 분야를 전공하지 않았을 확률이 매우 높다. 예를 들어 공학박사가 영업직에 있는 경우 과연 해당 직원의 학문적 지식이 영업에 얼마나 도움이 될지 모르겠다. 화려한 스펙이 오히려 다른 역량을 강화하는 데 걸림돌이 될 수도 있음을 명심해야 한다.

셋째, 회사 내에 진정한 전문가는 매우 드물다.

이런 경향은 큰 회사일수록 더 심하다. 비록 그들의 명함에 인쇄된 조직 이름은 매우 전문적으로 보일지라도, 명함의 주인과 명함에 찍힌 내용이 어울리지 않는 경우를 많이 봤다. 어느 정도 규모가 있는 기업들은 시장변화와 경쟁사의 전략에 대응하기 위해 매년 최소한 한 번 이상 조직개편을 단행한다. 그 과정에서 동일한 업무를 오래 해온 직원들은 본인에게 더 발전이 없다며 새로운 업무를 찾아 떠나기도 한다. 또 어떤 직원은 지금 하는 일이 본인과 잘 맞지 않는다는 이유로, 개중의 몇몇은 상사 혹은 동료들과 잘 맞지 않는다는 등의 이유로 부서를 옮긴다. 이런 것들이 명함에 인쇄된 본인의 직급과 팀의 이름에 부합하는 전문성을 갖지 못하는 이유 중 하나다.

이런 현상들은 일개 신임 팀장인 케이가 어떻게 할 수 있는 부분이 아니다. 전형적인 제너럴리스트 스타일인 케이부터 현재 본인이 맡은 업무에 대한 전문성이 낮다. 일단 본인부터라도 솔선수범하여 업무에 대한 전문성을 쌓기 위해 노력할 수밖에 없다.

케이의 한마디

야생으로 진출할 시간이 다가온다. 당신의 명함 없이도 치열한 시장경쟁 속에서 살아남을 수 있는 경쟁력을 가졌는지 자신에게 물어보자. 과연 현재 수준의 연봉을 당신에게 챙겨줄 만한 회사가 있을지도 생각해 보고 지금의 직장생활에 임하라.

본심이 드러나는
진실의 순간, 인사평가

마음의 날씨: 진눈깨비 ❄

[인사평가 면담1]

"박 차장님, 일 년 동안 고생 정말 많으셨습니다."

"아닙니다. 제가 뭘 한 게 있나요. 케이 팀장님이 새로 오셔서 힘드셨을 텐데, 성과를 더 많이 만들어 드리지 못해 죄송할 따름입니다."

"그래도 차장님이 다양한 사업들을 잘 챙겨 주셔서 팀 실적에 큰 도움이 되었습니다. 평가를 잘 챙겨 드려야 하는데, 아무래도 상대평가이다 보니 차장님께서 기대하시는 결과가 안 나오더라도 양해해주세요."

"에이… 팀장님, 저는 뭘 주셔도 상관없습니다. 인사평가는 팀장의 고유 권한인데요. 말씀만으로도 감사합니다."

[인사평가 면담2]

"신 차장님, 일 년 동안 고생 정말 많으셨습니다."

93

"그러게요. 올해는 정말 만만치 않았던 것 같습니다. 팀장님, 올해 인사평가는 제게 매우 중요합니다."

"그럼요. 회사원이 별거 있나요? 한해 농사 마감인데, 평가는 누구에게나 중요하죠."

"케이 팀장님, 이런 말씀 드리기 죄송하지만, 우리 팀에 딱히 두드러진 성과를 만든 사람도 없는 것 같은데 저에게 가장 좋은 평가를 주시면 안 될까요? 제 나이도 있고 이제 팀장이라도 한번 해 보게요. 만년 차장으로 있으려니 후배들 보기 창피하기도 하고…."

위 두 건의 평가 면담 사례에서 보듯이 인사평가를 앞두고 팀원들과 면담을 해 보면 그 사람의 그릇 또는 야망이 보인다. 일 년간 자기 자리에서 묵묵히 성실히 일해 왔음에도 평가 시기에 더욱 겸손한 모습을 보이는 사람이 있는 반면, 일 년 내내 베짱이처럼 시간을 보내다가 평가 시기가 되면 급격히 저자세 모드가 되거나 뻔뻔해지는 유형도 있다.

안타까운 건 회사의 인사제도나 정책이 명확하지 않으면 저자세 모드 또는 뻔뻔 모드가 통할 수 있다는 점이다.

인사평가 시즌은 일 년 중 팀장에게 가장 괴로운 시기다. 기복은 있을지언정 누구나 팀의 성과 창출을 위해 함께 달려온 팀원들을 회사가 정한 기준에 맞춰서 무 자르듯이 평가하는 일은 고역이다. 잘한 사람은 잘한 사람대로 평가 결과를 기대할 테고, 못한 사람은 못한 사람대로 다 이유가 있는 법이므로 본인이 기대하는 수준에 부합하지 않는 평가결과가 나오면 이를 좌시하지 않을 수도 있다.

인사평가 결과는 승진의 기초자료로 활용되며 임금인상률에도 영향을 미친다. 가령, A/B/C라는 등급이 있다. 임금인상률이 A등급을 받은 직원은 5%, B등급은 3%, C등급은 1%라고 가정해 보자. 복리효과를 고려한다면 물가 상승률에도 미치지 못하는 1%의 임금인상을 받게 되는 C등급의 직원은 정신적 실망감뿐 아니라 금전적으로도 타격을 입게 된다. 승진을 노리고 일 년간 열심히 일한 직원이 B등급을 받으면 그 역시 받아들이기 어려울 수 있다. 만약 본인이 가장 높은 등급인 A를 받았다고 하더라도, 본인의 승진 경쟁 상대 또한 A를 받으면 남의 평가 결과에도 불만을 표시하는 이기적인 사람이 가끔 있기도 하다.

팀장 입장에서는 가능한 일정 기간 손발을 맞춰온 직원들을 이끌고 계속 일을 하고 싶어 한다. 팀워크에 도움이 되는 팀원이나 평가 결과로 불만을 품은 직원이 팀을 떠나거나 행여 회사까지 떠나는 상황이 생기면 난감할 것이다. 그렇다고 '올해는 못 챙겨줘서 미안하다며 내년에는 꼭 챙겨주겠다'라는 언 발에 오줌 누기식의 대응은 다른 직원들의 불만을 불러올 수 있다. 최선의 방법은 팀원들의 성과를 최대한 객관적이고 공정하게 평가하고, 진심으로 대화해 보는 것이다.

팀장이 팀원들을 진심으로 대하더라도, 팀원 모두 그 진심을 받아들일 준비가 되어 있는 것은 아니다. 누구나 본인의 성과 이상으로 평가받기를 원한다. 승진 연차가 꽉 찬 직원이나 신 차장처럼 팀장이 꼭 되고 싶은 직원들은 어떻게든 본인의 실적과 무관하게 최고의 평가를 받겠다고 면담 과정에서 어필한다. 물론, 팀장뿐 아니라 P 상무에게도 이미 술자리를 통해 몇 차례 얘기했을 것이다.

평가에 대한 욕심은 끝이 없나 보다. 팀 내 최고참인 황 부장은 평소 주변 팀원들에게 "난 이미 부장이고 돈도 있을 만큼 있으니 인사평가를 뭘 주더라도 난 크게 개의치 않는다"라고 얘기해왔다. "난 C등급받더라도 승진해야 하는 김 대리는 꼭 A등급을 줬으면 좋겠다"고 일 년내내 얘기하더니…. 결국 평가 면담 자리에서는 놀라운 태도를 보인다. "솔직히 김 대리가 한 게 뭐가 있나요? 다른 차장들도 일하는 거 보니까다 거기서 거기던데. 제가 작년에 C를 받았는데 올해 또 C를 받으면 좀그렇잖아요. 올해는 B 정도 챙겨 주시면 감사하겠습니다"라며 본심을드러낸다.

일련의 인사평가 프로세스를 진행하며 초보 팀장 케이는 두 가지 생각이 들었다. 첫째는 직원들이 보이는 태도에 대한 놀라움이다. '과연 이들이 나와 같은 회사에 다니는 사람들이 맞는 건가? 어떻게 이렇게 인사평가에 대해 노골적으로 평가를 잘 달라고 얘기할 수 있는 거지? 정말뻔뻔한 사람들이 많네….' 둘째는 본인의 앞날에 대한 걱정이다. '내가 그동안 너무 순진하게 살아온 건가?' 그리고 보니 과거 상사들이 케이에게했던 말들이 떠오른다. "넌 너무 순진하다. 좀 욕심을 더 내보면 어떻겠니?" 왜 그런 말을 들었는지 그 해답을 팀장이 되고 나서야 알게 됐다.

케이의 한마디

절대 남들은 저절로 나를 알아주지 않는다. 평소에 잘하고 주장할 때는 주장할 수 있는 회사원이 되어라.

팀장도 뒷담화가 궁금해,
익명 커뮤니티 블라인드

마음의 날씨: 화창 🔆

"지난주 팀 회의가 있는 날 제가 연차여서, 2주 만에 팀원들이 모두 모여서 주간 회의를 하네요. 별일들 없으시죠?"

"네, 별일이 있을 게 있나요. 아~ 맞다. 요즘 '직장 내 괴롭힘 금지법' 관련해서 블라인드가 들썩들썩하던데, 팀장님이나 차장님들도 혹시 보셨나요?"

"김 대리. 사실 나도 보긴 했는데, 우리 회사에도 다양한 사건 사고들이 많은가 봐요? 김 대리 또래 후배들은 블라인드에 글을 꽤 남기는 것 같던데."

"네, 맞습니다. 팀장님. 요즘에는 젊은 친구들뿐 아니라 선배님들도 많이 사용하시더라고요. 박 차장님도 블라인드 이용하시죠?

"네. 저도 가끔 보긴 하는데, 얘기 들어 보니 임원분들이 그렇게 신경을 많이 쓰신다고 하더라고요. 혹시 본인들 뒷담화 또는 본인들 소관 사업 얘기가 블라인드에서 튀어나올까 봐요."

'블라인드'는 익명성이 보장되는 직장인 커뮤니티 애플리케이션이다. 밀레니얼 세대나 Z세대 후배들은 입사 전부터 'OO 대나무숲' 같은 익명 사회관계망서비스(SNS)를 활용한 익명 활동에 익숙해서 그런지 블라인드라는 직장인 전용 익명 앱의 익명성을 잘 이용하는 것 같다. 사실 블라인드 커뮤니티의 인기는 상상을 초월하여 어느덧 직장인의 필수 앱으로 자리 잡았다. 블라인드 앱을 개발한 팀블라인드에 따르면, 이미 국내 5만 개 기업의 250만 명의 직장인이 매일 4천여 개의 글을 쏟아낸다고 한다.

케이 역시 블라인드 앱을 가끔 본다. 처음 앱을 설치할 때 케이가 사용하는 회사 이메일 계정으로 인증을 받아야 한다고 해서 잠시 망설였었다. '혹시 회사가 블라인드 앱을 이용하는 사람들에게 불이익을 주는 건 아닌지?' 의심하면서 말이다. 사실 블라인드 앱을 개발한 회사에서 익명성이 보장된다고는 하지만, 누가 그 익명성을 100% 장담할 수 있겠는가.

솔직히 블라인드 속의 회사 이야기는 진위는 알 수 없으나 흥미로운 얘기가 많이 올라온다. 케이의 회사직원이 많다 보니, 블라인드 앱에 새 글이 끊이지 않는다. 가장 흥미로운 글은 익명성에 기대어 쓴 고발성 글이나 뒷담화다. 케이의 회사 문화는 팀장인 본인이 블라인드를 한다는 사실을 드러낸다면 케이에게 좋을 일이 없기에 조용히 글만 본다. 흔한 '좋아요'조차 누르지 않는다.

과연 익명 앱이 나쁜 것일까? 케이는 전혀 그렇게 생각하지 않는다.

블라인드는 나름의 많은 순기능과 역기능을 가지고 있다고 본다. 대표적인 두 가지만 생각해 보자.

첫 번째 순기능은 정보격차 해소다. 회사 내에는 검증 안 된 '카더라' 통신이 넘쳐난다. 회사에서 동료들과 술자리를 많이 하고, 삼삼오오 모여 흡연하는 사람들 중심으로 유통되던 정보가 스마트폰 터치 몇 번으로 확인할 수 있다.

두 번째 순기능은 반면교사 제공이다. 블라인드 글 가운데 가장 폭발적인 반응을 끌어내는 글이 '상사 뒷담화'이다. 단순 뒷담화일 수도 있고, 법적인 책임을 져야 하는 수준의 고발성 글도 간간이 눈에 띈다. 놀라운 점은 블라인드의 글이 단초가 되어 직위 해제되거나 퇴사하는 사람들도 생겨났다는 것이다. 이런 현상을 보며 초급관리자인 팀장에 불과한 케이일지라도 고발성 글들을 보며 반면교사 삼아 행동을 더 조심하게 되는 것 같다. 그렇다면 블라인드 같은 익명 앱은 어떤 역기능이 있을까?

첫 번째 역기능은 세대갈등 조장이다. 후배 직원들은 선배 직원들에 대해 '좋은 시절에 편하게 입사해서 직장에서 한 자리씩 꿰차고 쉽게 돈 벌어 간다'고 질투하기도 하고, '틀딱충', '월급루팡'과 같이 선배들을 깎아내리는 내용의 글도 거리낌 없이 올린다. 선배 직원들은 후배 직원들에게 '여기서 그렇게 불만만 얘기할 거면 퇴사하지 왜 여기 있냐?'는 식으로 쏘아붙이며 서로를 자극하는 모습이 가끔 눈에 띈다.

두 번째 역기능은 익명성에 기댄 무책임함이다. 특정인이나 부서명이 연상되는 이니셜로 표현하며, 팩트 체크 없이 특정인이나 부서를 비난하는 글을 남기는 사람이 간혹 있다. 만약 비난의 글의 진위는 차치하더라도 그런 인신공격성 글에 언급되는 직원은 엄청난 정신적 충격을 받을 수밖에 없다.

어찌 보면 블라인드라는 익명 커뮤니티도 잠시 스쳐 가는 유행이 될 수도 있다. 사무실에서 대놓고 보기는 부적절한 앱이지만, 그래도 화장실에서 보기에는 딱이다!

케이의 한마디

항상 몸가짐, 마음가짐을 바로 하라. 한순간 회사원 익명 앱의 유명인사가 되고 싶지 않다면.

모두 내 마음 같지 않은
'다면평가'

마음의 날씨: 흐림

"케이 팀장, 그 얘기 들었어? 경영지원본부 최 팀장 말이야."

"선배님, 무슨 얘기요?"

"응. 경영지원본부 최 팀장이 그쪽 본부에서 임원 승진 1순위였던 건 알지?"

"그럼요. 그분 일도 잘하시고 사장님께 인정도 많이 받으셔서 올해 임원 승진 0순위 아닌가요?

"맞아. 근데, 올해도 임원승진에서 탈락할 것 같다는데?"

"이해가 되지 않네요. 딱히 그쪽에 최 팀장님에게 경쟁이 될 만한 사람도 없는 거로 아는데."

"모든 게 완벽한데, 알고 보니 딱 하나 문제가 있다더라고. 그건 바로 다면평가 결과야. 동료 팀장들 평가까지는 그럭저럭 괜찮은데, 팀원들의 평가 결과가 최악이라더군."

케이가 다니는 회사에서 직원들에게 360도 다면평가 요청 메일이 날아드는 시기는 대략 매년 8~9월쯤이다. 회사별로 다르겠지만 보통의 인사평가는 한해 농사가 마무리되는 시점이 임박하여 진행되는 것에 비해, 다면평가는 그보다 먼저, 비교적 은밀하게 진행하는 기업이 많다. 상급자가 실무자들을 평가하는 '하향식 평가'와 반대의 느낌이라 그런지 '상향식 평가'라고 부르는 회사도 있고, 평가받는 사람을 전방위적으로 본다는 개념으로 '360도 평가'라고 부르는 곳도 있다.

다면평가는 일 년 중 직원들이 인사권자를 평가할 수 있는 거의 유일한 기회다. 다면평가 메일이 날아드는 시기가 되면 비록 일시적일지 모르지만 실적에 대한 상사의 압박 강도가 줄어들고, 말투도 부드러워지는 것은 기분 탓만은 아닐 것이다. 팀장이나 임원이 잠깐 이렇게 나온다고 해도 평소 팀장이나 임원에 앙금을 품은 직원의 마음을 한순간에 되돌리기는 어렵다. 직원들은 다면평가를 하며 이런 생각들을 할 것이다. '그러게 평소에 잘 좀 하시지….'

사실 케이는 금년도 다면평가 결과에 대해 전혀 걱정하지 않았다. 팀장 첫해의 다면평가 결과가 팀장생활 첫해임에도 최상위 수준이었기 때문이다. 케이 스스로는 팀원들을 존중하고 나름대로 예의 있게 대하고 있다고 자부하고 있었다. 물론 속마음까지 그렇다고 자신 있게 이야기하는 건 어렵겠지만.

하지만 이게 어떻게 된 일인가? 금년도 다면평가 결과가 정식으로 통보되기 전에 인사팀으로부터 따로 연락을 받았다. 인사팀은 케이의 다면평가 결과가 나쁜 관계로 인사팀에서 주관하는 '다면평가 부진팀장 교육'에 참여해야 한다고 했다. 케이로서는 도저히 납득하기 어려운 상황이었다. '과연 누가 올해 다면평가에서 내게 그렇게 나쁜 점수를 준 것일까? 지난해와 올해를 비교해 보면 바뀐 팀원이라고는 다섯 명 중에 두 명뿐인데, 설마 그 두 명 중 한 명인 건가? 내가 어떤 실수를 했길래… 아니면 동료 팀장 중 한 명이 나에 대해 평가를 박하게 준 것일까?'

찜찜한 마음으로 소위 다면평가 부진 팀장 교육에 참석했다. 이미 교육장에는 수십 명의 팀장들이 자리를 잡고 있었다. 팀장들끼리 이런 성격의 교육에서 서로 만난다는 것은 참 어색하다. 케이는 이미 먼저 와 있는 팀장들과 간단한 인사를 하는 사이에 교육이 시작됐다. 교육 담당자는 교육에 참석한 팀장들을 안심부터 시킨다.

"오늘 이 교육에 오셨다고 해서, 여기 계신 팀장님들에 대한 인사상 불이익은 없을 겁니다. 다만, 앞으로 조직관리를 좀 더 잘하실 수 있는 팁을 드리고자 모셨으니, 편안한 마음으로 들어주세요."

사실, 교육에 참여한 팀장 중 절반 정도는 본인의 리더십에 문제가 있어서라기보다는 소위 문제 직원을 둔 팀장들이었다. 즉, 그 문제 직원들은 그들의 팀장이 누가 되었든 간에 다면평가에서 무조건 본인 상사를 최하점을 주는 성향이다. 그런 직원들을 팀원으로 둔 팀장들은 다면평가에서 매우 불리할 수밖에 없다고 인사팀 직원도 거들었다.

그러고 보니 케이의 팀원 중에도 한 명 걸리는 사람이 있긴 했다. 평소 속마음을 절대 알 수 없는 직원. 하지만 케이는 직원들에 대한 의심의 눈초리를 거두기로 했다. 팀원들을 의심해 봤자 케이와 팀원 간의 신뢰 관계만 악화시킬 뿐이다. 결국 자업자득이다. 평소 좀 더 세심하게 팀원들과 교감하지 못한 결과라고 받아들이기로 한다. 이러면서 더 나은 팀장이 되어가는 것이 아니겠냐며.

사실 억울한 면도 있긴 하다. 다면평가의 대상인 본인은 정작 그대로인데, 작년에는 우수자이고, 금년에는 부진자라니…. 하지만 억울해봐야 달라질 건 없다. 인사 평가의 평가 기준은 대개 평가 대상자의 업무성과이고 역량평가이다. 하지만 다면평가의 평가는 평소 평가 대상자가 보여준 태도와 평가자와의 신뢰 또는 친밀도에 따라 많은 영향을 받을 수밖에 없다. 사람 마음이 다 내 마음 같지 않다는 것을 다면평가 결과를 통해 한 번 더 깨닫는다.

케이의 한마디

본인 스스로 부족함이나 약점에 대해 잘 파악하지 못하는 경우가 있다. 가끔은 있는 그대로의 모습에 대해 동료로부터 열린 마음으로 들어보자.

#

팀장의 말 못 할
속사정

뻔한 거짓말,
'차장 되면 다 만날 거야'

마음의 날씨: 맑음 ☀

"김 대리님, 조용한 곳으로 가서 얘기 좀 나눌까요?"

"네, 팀장님. 3번 회의실이 비어 있는 것 같던데. 거기로 가실까요?"

"예전에 제가 대리였을 때만 해도 김 대리님처럼 해외에서 공부하고 온 사람은 정말 드물었었는데…. 그만큼 회사 차원에서도 뭔가 혜택도 많이 주려고 했던 것 같고. 근데 요즘은 상대적으로 우수한 주니어들을 케어하는 제도가 별로 없는 것 같아서 아쉽네요."

"그렇죠. 팀장님. 제 입사 동기 중에는 해외대학 출신이 열 명도 넘는걸요?"

"그나저나, 평가 결과 확인했죠? 나름 김 대리님이 좋은 평가 결과를 얻을 수 있도록 신경 쓴다고 했지만, 대리님이 보시기에는 부족할 것 같아요. 결과적으로 올해 과장 승진을 기대하기는 어려울 것 같아 미안합니다."

"네, 팀장님. 저 역시 이번에 승진할 정도까지 평가를 잘 받을 수 있을 거라고는 기대하지 않았어요. 육아휴직에서 복귀한 첫해이기도 하고요. 내년에도 잘 부탁드려요. 팀장님."

"물론이죠! 제가 계속 저희 팀을 맡게 되면 잘 챙겨 드려야죠. 그리고 회사를 좀 오래 다녀 보니까, 먼저 승진하든 나중에 승진하든 차장쯤 되면 다 만나더라고요. 너무 실망하지 마세요.”

케이에게도 사원, 대리의 주니어 시절이 있었다. 회사생활을 17년 했다는 것은 17번의 인사평가와 최소한 대리, 과장, 차장 등 여러 번의 승진심사를 받았음을 뜻한다.

팀장이 된 후 가장 크게 달라진 점은 '내가 누군가를 평가해야 한다'는 것이다. 물론 팀장 역시 임원으로부터 평가를 받기는 하지만 일단 본인의 팀원 여러 명을 평가한다는 것은 매우 부담스러운 일이다. 차라리 평가만 받는 편이 훨씬 낫다. 회사로부터 부여받은 권한으로 동료를 평가한다는 것은 여간 뻔뻔하지 않고서는 굉장한 스트레스를 주는 고역이다. 개중에는 인사평가를 마치 본인들이 칼자루라도 쥔 것처럼 남용하는 팀장들도 있겠지만, 부담을 느끼는 팀장들이 더 많다고 생각한다.

회사마다 차이는 있을 수 있겠지만 팀장은 일 년 동안 팀의 업무성과를 위해 팀원들을 상대평가라는 미명 아래 줄을 세워야 한다. 즉, 동일한 본부에서 동일한 직급인 직원들의 평가 결과를 취합하여 직급별로 순위를 매기게 된다.

이렇게 과장이면 과장, 차창이면 차장의 직급별로 직원들을 펼쳐 놓은 다음 맨 위에 있는 몇몇을 다음 직급으로 승진시키는 것이 일반적이다. 함께 일하는 동료가 경쟁자가 되고, 회사 내에서 협업해야 할 유관부서 직원들이 본인의 승진을 위해 넘어야 하는 경쟁자인 셈이다. 그러다 보니, 내부경쟁이 과열되고, 조직이기주의가 만연되고, 줄서기 문화와 같은 사내정치가 심화되는 부작용이 나타나곤 한다. 물론 이런 부작용을 없애기 위해 협업을 장려하는 제도를 운영하는 등 다양한 인사정책을 시행하지만, 평가방식에서 오는 본질적인 한계를 넘어서기에는 항상 부족함이 있다.

인사평가는 반기마다 1년에 한 번 진행된다. 그리고 면담을 통해 피평가자인 팀원들에게 평가 결과에 대해 그들이 납득할 만한 논리를 가지고 설명해 주는 절차가 필요하다. 이 과정에서 우리는 여러 유형의 뻔한 거짓말과 만나게 된다. 예를 들면 어떤 것들이 있을까? 인사평가 기간에 들을 수 있는 단골표현들이 담고 있는 속내를 알아보자.

인사평가 면담의 3대 거짓말

표현	대상	속마음
차장 되면 다 만날 거야.	사원/대리 (20대 말~30대 초반)	당신이 이번에 승진하고 싶은 마음은 알지만, 아무래도 이번에 승진하기는 어려울 것 같아. 그래도 회사는 그만두지 말고 열심히 다녀주길 바라.
내년에는 챙겨줄게.	직급 무관	그러게 올해 좀 더 성과를 내지 그랬어. 그래도 당신 정도면 우리 팀에 필요한 사람이니, 다른 쪽으로 옮기지는 않았으면 좋겠어.
정년까지 천천히 가는 게 최고야.	과장/차장 (40~50대)	모두 승진하고 임원 되고 그러면 좋기는 하겠지. 근데, 보아하니 당신이 임원까지 가는 건 어려울 거야. 괜히 스트레스받지 말고 적당히 직원으로 살아가는 게 맞을 것 같아.

케이의 한마디

인사평가 결과에 일희일비하지 마라. 이미 인사평가 결과는 현실이 되어버린 과거이다. 기대에 못 미치는 평가 결과에만 집착하며 자존감에 상처를 받을 필요도 없다. 또 바보 같이 가만있기만 할 필요도 없다. 할 일은 하고, 할 말은 하자. 중요한 것은 당당함이다.

마음의 날씨: 비

"팀장님, 제가 다음 주에는 지방 출장을 좀 길게 다녀와야 할 것 같습니다."

"네, 부장님. 어떤 건으로 출장 가시는지 간략히 설명 좀 부탁드릴게요."

"일단 부산과 대전 두 군데를 각각 1박 2일씩 다녀올 생각입니다. 부산은 OO 구청에서 추진하는 OO 프로젝트 관련 건인데, 부산본부 영업담당자가 본사의 지원이 필요하다면서 제게 연락이 왔습니다."

"그러면 대전은 무슨 건인가요? 출장 신청하신 내용을 보니까, 신 차장님도 함께 가셔야 한다고 하셨는데요."

"대전은 저희 협력사인 A사의 사장이 영업 기회를 가지고 온 건데요. 대전지역 산업단지에 있는 B라는 회사가 저희 회사와 사업제휴를 하고 싶다면서 자신들의 회사에 방문해 달라고 요청이 온 상황입니다."

"그렇군요. 그러면 협력사도 함께 가겠군요? 신 차장님은 왜 함께 가시는 거죠?"

"아. 신 차장이 기존에 유사한 사업을 검토했던 적이 있어서 아무래도 해당 기업 수준을 파악하는 데 도움이 될 것 같아서 함께 갔으면 합니다."

"다음부터는 지역본부에서 지원요청이 오면 저에게 메일로 꼭 함께 요청하라고 안내해주시고요. 이번 건은 이미 약속이 잡혀 있는 상황이니 잘 준비해서 다녀오도록 하시죠."

이 대화만 살펴보면 '업무 출장을 가겠다는데 뭐가 문제지?'라고 생각할 수 있다. 문제는 성과를 기대하기 어려운 출장이란 점이다. 주민등록번호가 6으로 시작되는 선배들에게 케이 같은 초보 팀장은 '호구'까지는 아니더라도 다루기 쉬운 팀장인 건 사실이다. 베테랑들은 케이의 머리 위에서 논다. 그 베테랑 선배 중의 상당수는 팀장 경험을 해본 경우가 많다. 당연히 케이 같은 팀장이 지금쯤 무슨 고민을 하고 있고, 어떻게 하면 팀장을 구워삶을 수 있는지 너무 잘 알고 있다.

특히 그들은 가을쯤 되면 마치 내년에는 큰 사업 수주나 성과를 만들 수 있을 것 같다는 기대감을 심어주고 본인의 자리를 보전하는 꼼수를 쓰기도 한다. 무엇보다도 팀장의 심리와 조직의 생리를 너무 잘 알고 있고, 사내외에 다양한 인맥이 형성되어 있다. 즉, 마음만 먹으면 얼마든지 조직 생활에서의 본인의 자유도를 높이면서 업무적으로는 뭔가 성과가 나올 듯한 '있어빌리티'로 포장할 수도 있다.

케이 역시 바보가 아니다. 1박 2일씩 출장을 두 번 다녀오더라도 금년 내에 성과가 만들어지지 않을 거란 사실을 누구보다 잘 안다. 케이의 팀이 맡은 플랫폼사업은 전형적인 B2B 사업으로, 사업 사이클이 매우 길고 인적 네트워크의 형성이 중요하다는 것도 안다. 황 부장이 보고

한 출장계획대로 업무를 진행하는지 실제로 영상 통화를 하면서 확인할 수도 없는 노릇이다. 솔직히 얘기하면, 미심쩍은 부분이 많아도 그냥 믿고 넘어가 주는 것이다.

이번에는 정도가 좀 심하다. 일주일에 4일씩이나 지방 출장을 가고, 그중 이틀은 한참 성과를 만들고 있는 신 차장까지 데려간다고 하니, 팀의 업무에 차질이 생길 것이 분명하다. 황 부장과 신 차장은 소위 '아삼육'인데 사업제휴를 핑계로 바람 쐬러 가는 게 아닌지 의심스럽다. 사실 부산 출장도 마찬가지다. 전국이 1일 생활권이 된 지가 언제인데 모두 1박 2일로 가겠다는 건지…. 팀의 출장비 여건도 빠듯하다. 하지만 너무 시시콜콜하게 따지고 들면 속 좁은 팀장으로 비칠까 봐 신경이 쓰인다. 케이는 잠시 고민하다가 황 부장 자리로 가서 다시 몇 마디 던져본다.

"부장님, 대전 출장은 내년도 사업 준비를 위해서도 아주 중요해 보입니다. 그렇게 중요한 건이면 신 차장 대신 제가 함께 가면 어떨까요? 본사 사업부서 팀장이 직접 가면 고객사에서도 더 신뢰할 것 같은데요. 대전 정도면 당일로 다녀올 수 있을 것 같습니다만…. 신 차장 대신 저랑 다녀오시죠?"

예상대로 황 부장은 손사래를 치며 대답한다. "아이고 팀장님, 괜찮습니다. 아직 팀장님이 움직이실 단계는 아닙니다. 제가 신 차장과 함께 사업을 잘 만들어 보겠습니다. 아무래도 제휴 검토 기업에 대해 더 파악하려면 저녁 자리도 갖는 게 좋을 것 같아서요. 아무튼 이번에는 저희끼리 다녀오겠습니다."

정확히 케이가 예상했던 반응이었다.

팀원들이 모두 퇴근한 이후 케이는 직원들의 근태 등을 파악할 수 있는 인사시스템에 접속했다. 사실 수시로 팀원들과 케이 자리에서 얘기를 나누다 보니 아무래도 낮에 직원들의 인사 정보를 확인하는 것은 아무래도 조심스럽다. 최근 몇 달 동안 황 부장의 근태기록과 출장보고서, 각종 비용 증빙을 꼼꼼히 점검했다. 케이 역시 이미 십여 년간 이 회사에 다니고 있는 만큼 식비, 교통비, 숙박비 영수증 등을 훑어보면 출장 가서 뭘 했는지 대충 그림이 그려진다.

비록 케이가 후배이긴 해도 관리자는 관리자다. 케이는 조만간 황 부장과 단둘이 면담을 해야겠다고 생각하며 노트북을 덮었다.

케이의 한마디
당신의 상사는 당신이 생각하는 것 이상으로 당신을 많이 관찰하고 있다는 점을 명심하고 직장생활에 임하길 바란다.

마음의 날씨: 안개 ☁

"주간 회의 시작하시죠. 이번 주 목요일에 A 프로젝트에 대해 본부장님 보고를 해야 하는데, 어떻게 준비하면 좋을까요? 여러분들 생각은 어떠세요?"

"(박 차장) 아무래도 시장 환경분석은 업계 쪽 얘기가 많고 하니, 홍 과장님께서 맡아 주시면 어떨까요? 플랫폼 소개자료는 제가 작성하도록 하겠습니다."

"홍 과장님, 환경분석 파트를 파워포인트로 2~3장 만들어 주시면 될 것 같은데 괜찮으시죠? 그러면 박 차장님이 플랫폼 소개자료는 5장 이내로 정리해주시고요. 저는 경제성 분석 파트랑 결론 부분을 작성해 보겠습니다. 각자 맡은 파트 작성하셔서 내일 퇴근할 때 취합해서 함께 보시죠."

팀 회의에서 말은 저렇게 던졌으나, 케이 팀장은 스스로 생각한다. '괜히 내가 자료 일부를 작성한다고 했나? 그냥 내가 작성하겠다고 한 파트도 다른 팀원에게 작성을 지시할 걸 그랬나?'라고. 팀원이었을 때만 해도 워드나 파워포인트 보고서 작성에 꽤 자신 있었다. 팀장이나 임원이 원하는 방향을 파악해서 스토리라인을 잡고, 관련 정보 수집과 팩트 체크 후 보고서를 작성하는 건 어렵지 않게 했다고 자부한다. 물론 그때는 팀장이 본인이 원하는 보고 방향에 대해 충분히 잘 설명을 해주었고, 케이는 그 방향에 충실한 보고서를 생산해 준 것이다.

팀장이 된 지금은 웬만한 보고서는 본인이 굳이 작성하지는 않아도 된다. 팀장은 팀원보다 해당 사안에 대해 가진 정보의 질과 양이 다르다. 보고서 작성에 필요한 정보나 자료를 확보해주고, 보고서에 담기는 내용이 타 부서와 관련이 있는 경우 미리 타 부서의 협조를 끌어내는 역할만 해줘도 충분하다. 또한 보고 받을 임원과 접촉 빈도가 높은 팀장이라면, 해당 임원이 선호하는 표현이나 싫어하는 표현 팁을 보고서를 작성하는 팀원에게 알려주는 것도 나름 팀장의 역할이다.

팀장이 되고 나니 여기저기 회의도 많이 불려 다니고 윗사람들을 접하는 일이 많다. 우리 팀의 관점이 아닌 더 높은 관점에서 업무를 볼 수 있게 됐다. 그 과정에서 다른 부서에서 심혈을 기울여 작성한 보고서나 전사 차원에서 작성된 수준 높은 보고서를 접할 기회도 많아졌다. "팀장님, 이 보고서 굉장히 중요한 보고서인데, 팀원들이나 다른 팀한테는 돌리지 마시고, 혼자만 보십시오."

물론 보고서를 많이 본다고 또는 전사적 조직이나 임원의 성향을 더 잘 이해하게 된다고 해서 좋은 보고서를 더 쉽게 작성할 수 있는 것은 아니다. 케이의 경험으로 보면 팀장이 된 이후의 보고서 작성 능력은 오히려 빠른 속도로 떨어졌다. 물론 관리자로서 승승장구할 수만 있다면 보고서 작성 능력쯤 없어지는 게 큰 문제가 되겠는가? 안타까운 점은 모두가 승승장구하지 못한다는 것이고, 머지않은 시일 내에 회사를 떠나게 되면 지금의 실무를 대신해 줄 사람이 없다는 것이다. 케이는 팀장이 된 이후에도 가능하면 보고서나 제안서 같은 문서작성 역량은 유지하고 싶다.

앞서 언급했던 팀 주간 회의 상황을 떠올려 보자. 케이는 본인 스스로 보고서 중 일부를 본인이 맡아 작성하겠다고는 했으나, 조직의 리더로서 잘한 결정이라고 보기 어려울 것 같다. 팀장 본인이 이번에 작성하는 보고서에 담겨야 할 내용이나 기대하는 작성 방향에 대해 명확히 팀원에게 제시해주고 빠지는 것이 팀원의 역량 향상과 팀장 케이의 시간 관리에 도움이 될 것이다. 팀원들은 본인의 과업이 확정되면 어느 정도 해당 과업에 대해 집중해서 업무를 볼 수 있지만, 팀장은 그렇지 못하다. 여기저기 회의에도 불려 다녀야 하고 챙길 것이 많기 때문이다.

이런 상황에서 생각해 보면 박 차장과 홍 과장은 본인이 작성하기로 한 파트를 문제없이 채워올 것이다. 반면 케이는 진득하게 보고서를 작성할 수 없었다는 핑계로 본인이 맡기로 한 파트를 완성하지 못한 채 취합하기로 한 당일에 다른 팀원에게 부탁하는 상황이 생길 가능성이 높다.

케이가 팀장이 된 이후 대부분의 업무는 이메일을 활용해서 처리해 왔다. 가끔 필요하면 본인이 워드로 1~2페이지 정도 사안을 정리하는 경우는 있어도, 예전처럼 파워포인트 여러 장을 직접 작성하는 경우는 거의 없다.

회사 차원에서는 당연히 팀장이 책상에서 보고서만 붙잡고 있기보다는 팀원들을 진두지휘하며 성과를 많이 내는 팀장을 선호한다. 보고서야 그 팀에 보고서를 잘 쓰는 선배 직원을 한 명 두면 해결될 일이다. 하지만 앞서 언급했듯이, 회사 논리가 아니라 팀장 개인 삶의 관점에서 보면 얘기가 조금 달라진다. 팀장인 내가 이 회사에서 상무가 되고, 전무가 되고, 사장이 되면 그깟 보고서 작성은 누구에게든 시키면 되기 때문이다.

만약 회사를 떠나게 되면 시킬 사람이 없을 확률이 굉장히 높다. 부탁할 사람이 있더라도 지금 내 주위에 있는 대기업 직원들보다 업무 역량이 미치지 못할 가능성이 높다. 결국 내가 실무까지 직접 챙겨야 할 상황이 생기는 것이다. 이런 이유로 지시만 실컷 해본 '왕년의 대기업 부장과 임원들'이 밖에 나가서는 그들의 기대와 달리 사회나 기업에서 부름을 못 받는 것이 아닐지 모른다.

회사를 떠나 1인 기업을 차린 선배가 얼마 전 해준 얘기가 생생하다.

"케이 팀장, 너도 회사를 나올 날이 머지않았는데, 절대로 실무를 손에서 놓지 마라. 나오면 네가 다 해야 한다. 남한테 시키는 것이 다 돈일 뿐 아니라, 네가 기대하는 수준의 결과물을 받기도 쉽지 않을 거다."

케이의 한마디

회사를 위해서라면 직접 실무를 병행하는 팀장보다 업무가이드를 잘해주는 팀장이 되어야 하겠지만 현재 당신이 다니는 회사 이후의 삶을 위해서라면 실무에서 손을 놓치지 않는 팀장이 되는 편이 낫다. 단, 팀장이 실무까지 병행하면 본인의 업무능력 유지에는 도움이 되겠지만, 직원 역량 강화와 본인의 리더십 함양에는 도움이 되지 않을 수 있다는 것을 알아야 한다.

부장 승진 0순위에서
꼴찌로

마음의 날씨: 비 ☁

　"케이 팀장님, 올해는 아무래도 부장 승진이 어려울 것 같습니다. 케이 팀장님처럼 유능한 분들이 빨리 올라가 줘야 하는데, 아무래도 인사 적체가 심하다 보니 부장 승진 T.O가 너무 적게 나오네요."

　"괜찮습니다. P 상무님. 그렇게 마음 써 주시는 것만으로도 감사합니다. 팀장이 되면서 많이 성장한 것 같고, 나름대로 보람도 있습니다."

　"미안할 따름입니다. 다행히, 본부장님께서도 케이 팀장님이 올해 부장 승진을 못 하신 점에 대해 아쉽게 생각하고 계십니다. 내년에는 저희 본부 전체에서 케이 팀장님이 부장 승진 0순위로 보입니다. 큰 사고만 없으면 확실히 될 것 같으니, 한 해만 버티고 뛰어주시죠!"

　"네, 알겠습니다. 저도 그렇게 되면 좋겠습니다."

　사실 P 상무와 이 대화를 나눌 때까지만 해도 분위기는 좋았다. 케이 스스로 부장 승진을 기대하지 않은 것은 아니다. 왜냐하면 본사의 거

118

의 모든 팀장 자리는 부장직급들이 팀장 직책을 수행하고 있기 때문이다. 차장이 본사 팀장을 맡게 되면 대개 1~2년 이내에 승진을 시켜 주는 것이 케이가 다니는 회사의 분위기였다. 올해는 차장인 케이가 팀장직을 맡은 첫해였으므로 '부장 승진이 되면 당연히 좋은 거고, 안 되면 내년에 승진하면 된다'라고 생각하고 있었다.

그런데, 이게 웬일인가? 직원들 승진 발표가 있고 나서 며칠 후에 임원들의 인사이동이 있었다. 안타깝게도 케이가 의지해야 할 신사업본부장이 갑자기 지방으로 이동하는 좌천성 인사가 있었다. 케이가 잡고 있던 동아줄 하나가 뚝 끊어져 버린 느낌이었다. 케이는 굵직한 행사에서 신사업본부장을 수행하며 좋은 인상을 심어 주고 있던 터라 지금의 본부장이 자리를 더 지켜줘서 본인의 부장 승진까지 책임져 줬으면 하는 마음이었다.

게다가 최근까지의 회사 내 '카더라' 통신으로도 신사업본부장은 성과가 좋아서 자리를 지킬 수 있을 거라고들 했는데…. 역시 인사는 잉크가 마를 때까지는 모르는 건가 보다. 특히 고위 임원들의 배치는 일반 직원들이 알 수 없는 역학관계가 작동하기 나름일 것이다. 케이는 낙담하지 않았다. 비록 신사업본부장은 바뀌더라도, 신사업본부의 다른 임원들과 팀장들에게 최소한 케이가 어떤 사람인지에 대해서는 팀장 첫해에 존재감을 심어 주었다. 비록 본부장이 바뀌더라도 내년에는 충분히 부장 승진을 노려볼 만하다는 생각에는 변함이 없었다.

하지만 이게 끝이 아니었다. 임원재배치 인사 발표가 난 다음 날, 케이는 더더욱 충격적인 소식을 접했다. 그 소식은, 신사업본부 8개 팀 중 2개 팀을 기업본부로 이동시킨다는 것이었다. 불행히도 그 두 팀 중에 한 팀이 케이가 맡은 플랫폼사업팀이었다. 다시 말하면, 케이와 그의 팀원들은 플랫폼사업팀이 생긴 이후로 수년간 적을 두고 있던 신사업본부를 떠나 전사적으로 본인들끼리 똘똘 뭉쳐 끈끈하게 지낸다고 하는 기업본부의 서자로 입양되는 것이다.

케이의 팀이 신사업본부에 남아있게 되면 본부장이든 상무든 간에 케이의 승진에 대해 조금이라도 부채 의식을 가지고 챙겨주려고 했었을 것이다. 기업사업본부로 가면 케이는 물론 플랫폼사업팀 직원들의 승진 따위에는 아무도 관심이 없을 것이다. 오히려 케이의 팀처럼 새로 기업본부에 합류하는 팀들을 발판으로 그들의 당근을 챙겨 나갈 것이 눈에 뻔하다. 게다가 케이는 지난 17년간의 회사생활 속에서 기업본부의 사람들과의 인연은 거의 제로에 가까웠고, 관련 있는 업무조차 해본 기억이 거의 없었다. 케이가 기업본부로 가는 것은 케이가 부장 승진의 경쟁에서 완전히 밀려나는 것을 의미한다. 불과 며칠 사이에 부장 승진 0순위에서 꼴찌가 되었다.

그나마 위로가 되는 건 팀장직은 유지시켜줬다는 것이다. 기업본부는 직원들의 연령이 높기로 유명하고 팀장 보직을 받지 못하고 있는 부장들도 많다. 당연히 직책 없는 부장 중에 플랫폼사업팀장 자리를 노리는 사람들이 많았을 것이다. 하지만 조직도 이동한 마당에 팀장까지 한번에 바꾸면 성과 창출에 문제가 생길 수도 있을 테니, 유임해줬을 거라는 생각이 들기도 한다. 케이는 생각한다. '팀장이란 직책을 맡기 전까지는 조직 생활에서 이렇게까지 꼬인 적이 없었는데… 아무래도 팀원 때보다 회사 내 역학관계의 영향을 많이 받는 팀장 위치에 올라서 이런 변화에 더 타격을 많이 받게 된 건가? 역시 회사생활은 운칠기삼인 건가?'라고.

케이의 한마디

이미 잘 알고 있듯이 회사에서는 실력과 노력만으로 성공할 수 없다. 하지만 월등한 실력과 성실한 노력이 충만한 사람에게 운이 더 많이 따라 주는 건 부인할 수 없다.

팀장을 그만두면
얻는 것과 잃는 것

마음의 날씨: 흐리다가 갬 ⛅

"본부장님, 찾으셨습니까?"

"케이 팀장, 거기에 잠깐 앉아보세요."

"올해 조직개편에서 팀들이 좀 통폐합될 것 같던데… 아무래도 케이 팀장이 맡은 플랫폼 사업팀이랑 인프라사업팀이 합쳐질 것 같아요. 일단 두 팀을 합치면 인원도 조금 줄여야 할 것 같고… 우선은 누가 팀장을 맡을지 정해야 할 것 같은데 어떻게 하면 좋을까요?"

"어려운 상황이네요. 본부장님. 고민 좀 해보고 말씀드리겠습니다."

"그래요. 천천히 고민해 보고 말씀해주세요. 혹시 이번에 새로 생기는 팀들도 있고 하니까 케이 팀장이 원하면 다른 쪽 팀장으로 갈 수 있게 추천해 줄게요."

사실 본부장이 케이에게 던진 말의 뉘앙스에 모든 답이 담겨 있었다. 케이가 맡은 플랫폼사업팀이 기존의 신사업본부에서 기업본부로 옮겨오기로 한 순간부터 팀의 이런 운명은 정해져 있었는지도 모르겠다.

케이는 지난 2년간 플랫폼사업팀이라는 사업부서의 팀장직을 수행했다. 웬만한 중소기업의 매출에 해당할 만한 목표를 부여받았고, 그 목표 달성을 위해 다섯 명의 팀원을 리딩하며 사업부서를 이끌었다.

지난해에는 팀 목표를 달성하지는 못했지만 전임 팀장에 비해서는 높은 달성률을 기록했고, 금년에는 무려 120%를 달성했다. 하지만 지난해도 그렇고 올해도 그렇고 케이는 '승진명단'에서 빠져 있었다. 케이가 팀장을 맡아 보기로 한 가장 큰 이유 중 하나가 팀장이 되면 부장 승진에서 유리할 것이라는 믿음 때문이었는데, 팀장 2년 차인 올해에도 승진에서 실패한 것이다. 승진을 못 한 것에 대해 실망하지 않았다면 거짓말이겠지만, 최근 며칠 사이에 실망의 정도가 확연히 줄었다. '오히려 승진을 못 한 것이 다행일지 모른다'는 생각이 들기도 한다.

케이에게 팀장생활은 예상보다 더 즐겁지 않았다. 초보 팀장으로 회사에서 버티며 참 많이 늙은 것 같다. 어둠을 뚫고 집을 나서며 마주하는 엘리베이터 거울 속 중년 아저씨의 모습에 깜짝 놀라는 걸 보면 조직의 리더로 살아가는 것은 노화(老化)의 가속 페달을 밟는 것일지도 모르겠다. 하긴 50대 유명 가수와 회사 내의 50대 임원이 전혀 비슷한 또래로 보이지 않는 걸 보면 회사에서 리더로 사는 게 빨리 늙는 것 같긴 하다.

이제 케이는 중요한 결정을 내려야 한다. 비록 케이가 다른 팀장들보다 젊기는 해도, 지금 팀장을 그만두면 아마 몇 년 동안은 다시 팀장이 되기 어려울 것이다. 그래도 그토록 남들이 보기에는 그럴듯한 대기업 본사 팀장 자리인데, 던져버리기 전에 다시 한번 고민해 보기로 했다. 팀장을 계속하는 것과 그만하는 것에 대해 비교해 본다.

팀장을 그만두면 포기해야 하는 것들

① '돈'이다. 지나고 보니, 팀장이 된 후 팀장 수당, OO 보조금 등의 형태로 팀원 시절보다 연간 수백만 원을 더 받았다. 또 부수적으로 회사로부터 법인카드를 받아 업무 과정에서 적절히 활용할 수 있었다. 팀장을 그만두게 되면 이러한 금전적인 부분에 대해서는 당분간 포기해야 한다.

② '승진'이다. 팀장이란 자리는 회사원의 로망인 '임원'이 되기 위한 징검다리다. 즉, 팀장생활을 거치지 않고서는 임원이 되는 것은 포기해야 하거나, 그 시기를 몇 년 늦춰야 한다는 뜻이다. 초임 임원만 되더라도 젊은 직원의 두세 배의 연봉과 업무용 차, 개인사무실 등 다양한 비급여성 복지가 따라오는데, 이런 것에 대한 기대와 작별해야 한다.

③ '체면'이다. 회사 밖의 사람들을 만날 때 직장생활 이십 년 가까이 하면 명함에 최소한 팀장 정도는 해줘야 체면이 산다고 생각하는 사람들이 많다. 회사 내부적으로 보면 이제 몇 년만 있으면 입사 동기 중에 임원이 되는 친구들도 나올 텐데, 일반 직원 수준에 머무른다면 본인 스스로 주눅 들 수도 있다.

④ 팀장을 그만두게 되면 팀장생활할 때 맛 들인 것들과 멀어

지게 된다. 예를 들면, 회사에서의 발언권도 그만큼 작아질 것이다. 생각해 보니 팀장이 된 후에 말이 많아졌다. 임원들이 자기 얘기만 하는 건 다 이유가 있나 보다. 또 직원들의 인사평가 권한으로부터 오는 권력의 맛도 누릴 수 없을 테고 각종 회의에 불려 다니며 접하게 되는 정보의 수준도 낮아질 것이다.

팀장을 그만두면 얻게 되는 것들

2년간의 팀장생활은 팀원으로 직장생활을 다시 시작하는 데 엄청난 자양분이 될 것 같다. 또 회사생활을 하면서 요즘 후배들이 잘 사용하는 용어인 '치트키'(상황을 좋게 만드는 만능열쇠)를 확보하는 데 도움이 됐다. 물론 팀장을 그만두면 위에서 언급한 많은 것들을 포기해야겠지만, 반대로 리더의 무게감에서 벗어날 수 있다. 팀장을 그만두면 무엇을 얻을 수 있을까?

① '직장생활의 자율성 강화'다. 일부 주니어직원들이 볼 때 팀장은 팀원들에게 업무지시만 해 놓고 여기저기 마음대로 다니면 되는 거 아니냐는 생각도 들 것이다. 하지만, 대기업 본사 팀장들의 생활은 전방 군대의 5분 대기조까지는 아니더라도 대기조는 대기조다. 갑자기 임원이 부르면 달려가야

125

하고 예정에 없던 중요한 회의라도 잡히는 날에는 예정된 휴가를 취소해야 하는 일도 다반사다.

② '책임으로부터의 해방'이다. 회사생활을 하며 어찌 책임질 일이 없겠느냐마는, 팀원은 본인 업무에 대해서만 책임지면 된다. 그것도 관리자인 팀장의 테두리 속에서 말이다. 반대로 팀장은 팀원들이 하는 업무 전반에 대한 책임은 물론, 직원들의 근태관리, 자산관리, 업무보안 관리 등에 대한 책임을 져야 한다. 업무성과 달성에 대한 책임은 기본으로 두고 말이다.

③ 체리피킹 회사원이 될 수 있다. 체리피커(Cherry picker)는 자신의 실속만을 추구하는 소비자를 일컫는 마케팅 용어다. 즉, 팀장이라는 직책을 내려놓고 임원이 되고자 하는 야망에서 해방된다면 직장 내에서 누릴 수 있는 다양한 혜택이 보인다. 예를 들면, 팀원들은 팀장들이 임원 눈치 보느라 잘 사용하지 못하는 재택근무나 탄력근무제도, 또 다양한 형태의 휴가나 회사 복지제도를 떳떳하게 신청할 수 있다. 단, 팀원으로서 역할만 충실히 해주면 말이다.

팀장을 하는 것과 하지 않는 것을 전반적으로 비교해 보니, 예상대로 팀장을 그만두면 조직 내에서의 명예와 급여 중 일부가 사라지는 대신 삶의 질과 행복도가 개선될 것이다.

　다행인 것은 직업 안정성이 낮은 직장의 경우 팀장직을 내려놓으면 회사생활을 이어가기가 매우 어려운 회사들도 많은데, 다행히 케이의 회사는 팀장을 그만해도 회사생활을 이어가는 데 큰 문제가 없다. 그래서 결심했다. 팀장생활을 당분간 그만두기로!

케이의 한마디

높이 빨리 올라가는 게 능사는 아니다. 모든 사람이 우수한 리더가 될 필요는 없다. 본인의 성향과 역량, 그리고 가치관에 따라 본인의 직장생활을 스스로 주도할 수 있는 직장인이 되는 것이 중요하다.

part
2

그럼에도 팀장생활을
이어갈 당신에게

#

마음관리: 뭐든 마음이
동(動)해야 한다

나는 과연 팀장에
적합한 사람일까?

'팀장이 되면 회사생활이 재밌어질까?'

'팀장이 되면 회사생활의 스트레스가 줄어들까?'

두 질문에 대한 대답은 모두 'No'이다. 팀장이 된다고 회사생활이 재미있어지거나 스트레스가 줄어들 일은 없다. 그러면 왜 다들 팀장이 되려고 하는 걸까? 아마도 금전적 보상이 늘어나고 몸담은 조직에서 인정받고, 직장인으로서 성공할 기회가 생기기 때문이다. 회사원은 신입사원으로 입사 후 처음 만나는 리더가 팀장이다. 어쩌면 신입사원 시절에는 '팀장이야 뭐 시간이 지나면 어렵지 않게 될 것이고, 나 정도면 이 회사에서 임원까지 할 수 있겠지?'라고 생각했을 수도 있다.

사실 팀장이 될 때쯤 나이가 되면 인생에서 가장 지출이 많은 시기를 겪고 있을 가능성이 높다. 자녀 교육비에 각종 대출이자, 가족 경조사 등으로 쏠쏠이가 늘어난다. 이럴 때 월급 외에 연간 수백만 원의 추가 수당은 꽤 쏠쏠하다. 또한 직장생활을 십여 년간 하며 계속 평가를 받아만 오고, 각종 근태 등에 대해 허락만 받아온 생활을 이어왔는데, 이제는 팀장이 되어 직원들 인사평가도 해보고, 또 남들 앞에서 뭔가 한 자리하는 사람으로 소개받고 싶은 마음이 생길 수도 있다.

안타깝게도 팀장생활의 실상은 스트레스의 연속이다. 위로는 실적 기반으로 매년 또는 수년마다 고용계약을 갱신하는 임원들로부터 실적의 쪼임을 받고, 아래로는 팀원들로부터 '꼰대' 소리 듣지 않으려고 눈치 보는 자리가 팀장의 자리다. 그 자리의 주인은 너무 착해도, 너무 뻔뻔해도 안 된다. 직원들의 눈에 착한 팀장은 불쌍한 팀장이고 짜증나는 팀장일지 모른다. 임원에게 실컷 깨지고 와서 내색도 못하고 본인이 상사에게 받은 질책을 팀원에게 전달하지 않은 채 본인의 스트레스로 고스란히 가져가는 팀장을 보면 불쌍하다는 생각이 들 수 있다. 한편으로는 본인 팀의 업무가 아님에도 불구하고 임원이 지시하는 가외성 업무를 받아와서는 각자의 업무로 바쁜 팀원들에게 처리를 부탁할 때면 팀장 본인도 짜증이 밀려온다.

뭐니 뭐니 해도 팀원들에게 최악의 팀장은 뻔뻔한 팀장이다. 본인이 임원에게 조금이라도 깨지는 날에는 그 책임을 팀원에게 전가하며 본인이 당한 것 이상으로 직원들을 괴롭히고, 무뇌충(無腦蟲)처럼 위에서 하는 얘기를 영혼 없이 전달만 하는 팀장으로 보고 있노라면 '왜 우리 회사는 하필 저런 사람들만 팀장으로 뽑는 거야?' 하는 한탄이 밀려온다.

가끔 팀장생활을 오래 이어간다며 자랑삼아 이야기하는 팀장들이 있다. 과연 팀장을 오래 하는 것이 자랑일까? 그렇지 않다. 팀장생활을 가장 짧게 가져가는 것이 본인에게도 좋고 회사에게도 좋다. 팀장 경험을 통해 리더십과 조직관리 역량을 빨리 키우고 초급 임원으로 나아가야 한다.

본인은 본인 나름대로 회사원의 꽃인 임원이 되어 좋고, 팀원은 팀원대로 팀장이 될 기회가 생기므로 새로운 동기부여를 가지고 직장생활에 임하게 될 것이다. 물론 그 자리의 숫자가 정해져 있다는 것이 함정이기는 하다. 이렇게 누군가가 위로 올라간다는 것은 회사가 성장하지 않는 이상 누군가 회사를 떠나야 한다는 의미이기도 하다. 그래도 '인사 적체'로 회사의 생기가 떨어지는 것보다는 구성원들에게 성장의 기회를 제공해주는 것이 회사와 개인에게 긍정적이지 않을까 싶다.

한편, 팀장이 된 이후에 팀장이란 자리가 본인의 성향과 맞지 않는다는 사실을 깨닫는 팀장들도 있다. 실무자 시절에는 누구보다 뛰어난 업무성과를 창출하던 사람이, 팀장이 된 이후에는 팀장으로 자리 잡는데 어려움을 겪는 경우를 종종 볼 수 있다. 실무자 때까지는 본인만 잘하면 됐으나, 팀장이라는 중간 리더가 된 이후에는 본인의 업무역량보다는 팀 전체의 자원을 활용하여 직원들에게 업무를 지시하는 관리 역량이 더 요구되기 때문이다. 팀장은 개인의 성과로 평가받는 것이 아니라 팀 전체의 성과로 평가받는다. 따라서 팀원 때와는 180도 다른 모습으로 회사생활에 임해야 한다. 그러다 보니 신임 팀장으로 뽑힌 사람들을 보고 이런 뒷담화를 하는 직원들을 많이 봤을 것이다.

'저 사람 그렇게 안 봤는데, 팀장 되더니 사람이 변했네….'

요즘에는 유능한 직원 가운데 일부러 팀장이 되지 않으려는 직원들도 눈에 많이 띈다. 팀장처럼 조직의 관리자로 살아가기보다는 본인이 좋아하고 잘할 수 있는 분야의 스페셜리스트로 남고 싶은 유형이다. 이들은 회사와 주변 동료로부터는 소위 '내공'을 인정받으며 보람 있게 회사생활을 하는 한편, 직원관리나 실적관리 등 각종 관리업무는 물론 사내정치 같은 골칫거리에서 한 발 떨어져 지내고 싶어 한다. 회사 입장에서는 이런 유능한 직원들이 매너리즘에 빠져 있거나 역량이 떨어지는 팀장들을 대체해주길 바랄 수 있겠으나, '평안(평양)감사도 제 싫으면 그만'이라고 했다. 이런 유능한 실무직원들이 팀장에 도전하고 싶은 마음이 들 수 있는 기업문화나 색다른 인사제도가 생기기 전에는 굳이 팀장직을 강요할 필요는 없을 것 같다.

회사생활 속에서 인생의 승부를 한번 제대로 걸어 보고 싶다면 팀장이 된 후에는 회사생활에서의 목표설정을 다시 정해보자. 얼마 전 인기리에 종영한 〈이태원 클라쓰〉라는 드라마가 있었다. 웹툰이 원작인 이 드라마는 이태원의 작은 포장마차로 시작한 젊은이들이 거대한 프랜차이즈 기업을 무너뜨리는 이야기다. 그 포장마차의 20살 천재 매니저가 주인공에게 하는 말이 와닿는다.

'꿈의 크기가 사람의 그릇 크기래요.'

팀장이 되고 싶거나 이미 팀장인 회사원들은 본인 인생에서의 꿈과 회사 속에서의 꿈을 다시 생각해 보기를 기대한다. 그 꿈을 달성하기 위해 어떻게 회사생활에 임해야 하는지 생각해 보자. 그 꿈을 실현하는 데 있어 '팀장'이란 징검다리가 필요하다면, 본인 스스로 팀장에 적합한 사람인지, 더 나은 팀장이 되려면 어떻게 해야 하는지를 고민해 보자.

회사생활의
가장 큰 신분 변화

    회사의 직급체계는 다양하다. 사무직, 생산직, 연구직에 따라 각기 부르는 직급이 다르다. 최근에는 직급 자체를 없애거나 통폐합한 회사들도 많이 눈에 띈다. 직급체계가 어떻든 중간관리자인 팀장은 대부분의 회사에 존재한다.

    팀장이 된다는 건 직장생활의 가장 큰 변곡점이다. 중견 이상 국내 기업의 승진체계로 볼 때 최소한 십수 년의 팀원 생활 끝에 팀장이 된다. 공무원 조직이나 국내 굴지의 대기업들은 40대와 50대 직원의 비중이 높다. 연령대별 인력구조를 그래프로 그려보면 40~50대가 불룩 튀어나온 항아리형 구조다. 항아리형 인력구조의 가장 큰 특징은 인사 적체가 심하고, 회사의 인건비 부담이 크다는 점이다. 40~50대 직원 중 누구는 팀장이 되어 또 다른 승진의 기회를 잡고 급여상승도 가져가지만, 누군가는 팀장이 된 동료의 팀원으로 계속 남아 있게 된다.

물론 무조건 팀장이 되는 것만이 능사는 아니다. 앞서 언급했듯이 최근에는 팀장이 되어 팀장 수당도 받고, 임원이 될 기회를 잡는 것보다 스트레스가 덜한 유능한 실무자로 남고 싶어 하는 사람들도 제법 많다. 하지만 여전히 대부분의 직장인은 팀장이 되고, 임원이 되는 회사에서의 커리어를 만들고자 부단히 노력한다. 그리고 사원-대리-과장-차장을 거치는 십여 년을 평사원으로 근무하며 다양한 팀장들의 리더십을 경험하게 된다. 이 중에는 존경할만한 팀장들도 있었을 것이고, 반면 교사로 삼을 만한 팀장들도 많았을 것이다. 본인 스스로는 '내가 팀장이 되면 저렇게는 되지 말아야지', '난 나중에 이성적이고 합리적인 팀 운영으로 팀원들이 따르는 팀장이 될 거야' 등과 같은 생각도 해봤을 것이다.

팀장이 되면 가장 많이 바뀌는 것이 무엇일까? 딱 세 가지만 집어 보자.

첫째, 인사평가권을 가진다.

여러분들이 피평가자로 사는 동안 평가에 대해 불만스러운 적이 꽤 많았을 것이다. 팀장이 되면 인사정보에 대한 접근성이 높아진다. 대개 본인 팀 직원들의 인사카드를 통해 해당 직원에 대한 이해와 전임 팀장들의 평가를 엿볼 수 있다. 또 평가자 입장에서의 평가 프로세스를 경험할 수 있다. 팀원 시절에는 인사평가 시즌에 팀장들과 임원들이 회의실에 들어가서 얘기를 나누는 모습만 봐도 인사평가나 직원들의 승진에 대해서 본인들끼리 '쑥덕쑥덕'하러 가는 것처럼 보였을지도 모른다. 본인이 기대하는 평가 결과가 나오지 않았을 때는 '내가 왜 이 팀에서 이런 대우를 받아야 하나?'라는 생각에 '팀을 떠날까? 이직해야 하나?'라는 생각까지 해본 사람도 많을 것이다.

그렇게 평가를 받기만 했던 사람이 드디어 팀장이 되어 남을 평가하는 자리에 앉았다. 평가자의 입장에서 직원들을 A/B/C로 등급을 매기고, 평가의견란에 장점은 부각시켜 주고, 단점에 대해서는 읽는 사람이 여간 신경 써서 읽지 않으면 이게 단점인지 장점인지 감이 안 오는 그런 문장들을 써줄 수 있는 팀장이 되었다. 마치 초등학교 선생님이 학생들의 생활기록부에 의견을 적어주는 것처럼 말이다.

둘째, 결재권을 갖는다.

결재권이란 회사 업무에 대해 회사를 대신하여 결정할 수 있는 권한이다. 회사는 회사의 운영과 경영에 필요한 모든 결정을 CEO가 직접 내릴 수 없으므로 '위임전결 규정' 같은 내부 이사 결정 체계를 가지고 있다. 이를 통해 CEO의 권한을 중간 관리자에게 위임하여 합리적인 업무처리가 진행될 수 있도록 한다. 중간관리자가 문서에 결재했다는 것은 해당 문서와 관련된 문제 발생 시 모든 책임을 해당 문서를 결재한 결재권자가 지게 됨을 의미하기도 한다. 사실 팀장이 되기 전에는 "팀장님, XX 건에 대해 결재 부탁드립니다"라고 요청만 하는 입장이었는데, 본인이 직접 결재를 하게 되면 결재가 가지는 무게감도 느끼는 한편, 본인에게 의사결정에 대한 파워가 생겼다는 사실에 우쭐한 생각이 드는 것도 사실이다.

셋째, 금전적 혜택을 받는다.

회사마다 차이는 있겠으나 팀장이 되면 팀장 수당이 매월 나온다. 엄밀히 얘기하면 팀장이라는 직책을 수행하는 것에 대한 직책 수당을 받는 것이다. 직책 수당은 직책을 수행하면서 발생하는 추가적인 스트레스에 대한 보상이자, 중간관리자의 품위 유지에 필요한 최소한의 수당이다. 일단 '수당'이란 이름으로 급여에 포함하여 지급되므로 일종의 연봉상승이라고 볼 수 있다. 직책 수당이 집에 가져다주는 월급 혜택이라고 한다면, 팀장이 되어 새롭게 발급받는 법인카드는 조직을 리딩하는 데 필요한 감초 역할을 해준다.

영업직의 경우 팀원들도 법인카드를 가지고 있겠지만 일반 회사원들은 팀장부터 법인카드를 발급받는다. 법인카드의 한도는 업무 특성이나 회사정책에 따라 다르다. 일단 본인 지갑에 법인카드 한 장이 들어오는 순간 '이 정도면 사회생활에서 성공한 건가?'라는 생각도 잠시 스쳐가기도 한다. 하지만 법인카드는 '개인카드'가 아닌 '법인카드'임을 명심해야 한다. 혼자만 사용하면 이 또한 직원과의 갈등의 원인이 되기도 한다. 부적절하게 사용하면 징계의 실마리가 되기도 하므로 제대로 사용해야 한다.

이 세 가지 외에도 많은 것들이 달라진다. 직원들이 본인을 바라보는 시선도 팀원일 때와는 달라졌다고 느낄 수 있고, 본인에 대한 임원들의 기대치도 높아진다. 직원 시절 어깨 너머로 팀장의 생활을 오랫동안 봐왔다고 하더라도 회사라는 무대에서 팀장 역할을 수행하는 1인칭 주인공이 되는 것이다. 또 조직에서 더 성장하는 데 힘이 되는 새로운 인맥이 생길 수도 있고, 기존에 쌓아 놓았던 원만한 인간관계와 평판들이 무너져 내릴 수도 있다. 이러한 변화에 어떻게 대처하고, 어떻게 본인의 성장 레버리지로 활용하는지에 따라 성공하는 리더가 되는가, 스쳐 가는 리더로 남느냐가 판가름 난다.

'욱'하면 나만 손해!
자존심은 집에 두고

'회사에서 누가 가장 많이 혼이 날까?'

'누가 가장 많이 억울할까?'

혼나는 것은 신입사원이라고 답할 수도 있겠지만, 억울한 상황에는 팀장들이 가장 많이 놓일 듯하다. 예상 밖 갑작스러운 임원의 호통에 당황스럽고, 분명히 언제까지 해주겠다고 약속했던 팀원의 업무 미이행에 짜증이 나기도 한다. 특히 팀장인 내가 잘못한 것도 아니고, 우리 팀만의 문제도 아닌데 여러 사람들 앞에서 윗사람의 핀잔이라도 듣는 날에는 이런 생각도 든다.

'다 먹고 살자고 하는 일인데, 굳이 나한테 이렇게까지 할 필요 있나? 지금 내게 이러는 당신이 얼마나 잘되는지 두고 보겠어.'

대부분의 팀장들은 한 가족의 가장이다. 다 처자식 먹여 살리자고 하는 회사생활이다. 사실 팀장만 억울하겠는가? 어쩌면 팀장인 당신이 상처받은 것 이상으로 팀원 또는 가족들에게 업무를 핑계로 상처를 주고 있을지도 모른다. 업무 특성상 모두의 기대를 충족시키지 못하는 부서, 예를 들면 감사팀 같은 업무를 맡은 사람이라면 본인 자신도 회사원일 뿐인데, 감사팀이란 이유로 누군가에게 실망과 아픔을 줘야 하는 것으로 적잖은 부담감 속에 회사를 다니고 있을지도 모른다. 사업적으로는 당신의 팀에서 지금 하는 업무는 특정 업체의 생존과 직결된 문제일 수 있고, 당신 조직을 대표하는 임원 자리가 걸린 문제일 수도 있다. 이렇게 치열하고 다양한 상황 속에서 우리는 '욱'하는 상황과 자주 마주하게 된다.

아무리 하버드대학이나 서울대학교 박사 출신이라 하더라도 그가 회사원인 이상 조직으로부터 부여받은 과업수행을 위해 납작 엎드려야 하는 상황이 생기기 마련이다. 경우에 따라서는 자신보다 한참 어린 후배 팀장이나 실무자에게 마음에 없는 달콤한 말들로 비위를 맞춰 주었음에도 불구하고 자존심만 상하고 원하는 결과를 얻지 못할 때도 있다. 팀장의 회사생활은 자존심에 상처받는 날들의 연속이다. 그렇게 상처를 받을 때마다 좌절하고 낙담한 채로 회사생활을 이어간다면 그 상처가 아물 시간도 없을 것이다.

회사는 언제나 당신의 조직에 내어주는 것 이상으로, 또 당신 팀이 현재 가진 자원과 역량으로 달성하기 어려운 수준의 목표를 계속 제시할 것이다. 하지만 어쩔 수 없다. 당신이 신입사원으로 입사했든 경력직으로 입사했든 간에 입사 면접 과정에서 '시켜만 주시면 뭐든 열심히 하겠다'라고 '회사의 기대에 보답할 수 있도록 최선을 다하겠다'고 주먹을 불끈 쥐고 면접에 임했던 것을 기억하고 있을 것이다. 누구 하나 '제가 할 수 있는 선에서 적당히 회사에 기여하겠다'고 한 사람은 단 한 명도 없을 것이다. 그렇게 입사한 회사다. 당신이 이 회사에 들어올 때 각오했던 것 이상으로 열심히 하겠다는 사람들이 당신의 자리를 노리고 있음도 명심해야겠다.

팀장 되기 전과 후의 스트레스는 차원이 다르다. 팀원 시절에는 기껏해야 입사 동기나 선후배와 비교되며, 'OO 과장은 뭐도 해냈다고 하던데, 넌 그동안 뭐했니?' 또는 거래처와의 회의 자리에서 '타사는 어느 정도 제시했는데 당신들 회사는 이 정도밖에 저희에게 제시해 줄 수 있는 게 없나요?'라는 상황이 발생하면 '일개 팀원이 뭘 알겠습니까? 팀장님께 말씀드려 보겠습니다'라고 답하며 적당히 뭉개고 넘어갈 수 있는 이슈도 많았다.

하지만 중간관리자인 팀장 입장에서는 떠넘길 대상이 없다. 본인 잘못이 아니더라도 내 팀과 회사의 이익을 지키기 위해 머리를 조아려야 하는 상황이 빈번히 발생한다. 고귀한 척하며 팀장 위에 존재하는 임원들 역시 모두 당신이 겪고 있는 이런 시기를 잘 버티며 나름의 성과를 회사에 보여준 뒤에 그 자리를 꿰찬 것이다. '내가 어디 출신인데, 내가 어떤 사람인데, 나랑 친한 사람들이 얼마나 많은데'라는 생각들은 여러

분들 마음속에 존재하는 자존심의 크기만 더 키울 뿐이다.

이렇게 커진 자존심은 깊이 상처받아 회복만 더뎌질 뿐이다. 나를 내려놓고 자존심의 크기를 줄이자. 작아진 자존심은 출근하며 현관에 두고 가자. 당신의 팀원들도 그렇게 하는 것처럼.

오늘날의 학교생활과 다르게 팀장 또래의 회사원들이 학교에 다닐 때만 해도 성적을 기준으로 성적표에 수/우/미/양/가로 학생들을 등급화, 서열화했었다. 제아무리 특정 분야에서 두각을 나타내는 아이라 하더라도 공부 못하면 학교에서는 열등생으로 낙인찍혔다.

사람을 보는 기준이 중요하다. 남들이 만들어 놓은 기준에 우리 스스로가 미치지 못할 때 열등감을 느낀다. 만약 본인은 기준을 충족하지 못했으나, 누군가 그 기준을 넘어서는 무언가를 보여줄 때 특히 그 열등감은 크게 다가온다. 열등감은 자신의 감정을 부정적으로 만들게 되고, 심리적으로도 불안한 상태를 만든다. 다른 사람들의 관점으로 자신을 평가하여 스스로 만족하지 못한 채, 평생을 열등생으로 살 필요가 있겠는가?

팀장이란 자리에서 조직의 중간리더로 살아가는 데에는 열등감 따위는 전혀 도움이 되지 않는 감정이다. 만약 스스로 열등감을 가지고 있다면 열등감을 떨쳐 버리려는 의도적인 노력이 필요하다. 팀장의 관점에서 보면 우리 팀보다 옆 팀 직원들이 훨씬 업무적으로 유능해 보일지도 모른다. 또 본인보다 주변 팀장의 스펙이나 역량이 더 우수하다고 생각하여 주눅 들어 있을지도 모른다. 열등감을 안고 살아가는 사람의 삶은 무기력하다. 있는 그대로의 팀과 자신을 받아들이고 스스로 존중해야 한다. 열등감보다는 자아존중감, 즉 자존감(Self-esteem)을 가져야 한다.

자존감 높은 회사원이 회사에서 빛을 발하는 네 가지 특징

① 업무에 대한 자신감이다. 자존감이 높은 사람은 어떤 업무를 맡게 되더라도 잘해 낼 수 있다고 스스로 믿고 추진한다.

② 원만한 대인관계이다. 자존감이 높은 사람은 어떤 사람을 만나더라도 당당하며, 원만한 커뮤니케이션으로 건강한 인간관계를 구축해갈 수 있다.

③ 자기 가치(Self-worth)를 높게 평가한다. 본인 스스로 가치 있는 존재라는 인식을 바탕으로 자신을 사랑한다. 즉, 자기애가 높다.

④ 항상 긍정적이다. 자신을 가치 있게 생각하는 사람은 매사 긍정적이다. 따라서 주변 사람들에게 누구나 함께 하고 싶은 편안한 존재로 자리 잡는다.

자존감은 주관적인 느낌이다. 어렵게 생각하면 한없이 어려울 수 있지만, 본인 스스로 자존감을 높일 수 있는 방법을 찾아 실천해 보면 어떨까? 남의 눈치를 살피기보다 자신의 정체성을 찾는 데 집중해 보자. 있는 그대로의 자신을 인정하고 사랑하는 것이 자존감 회복의 시작이다.

중간관리자인 팀장생활을 시작하는 당신에게 다가올 시련과 역경을 마주했을 때, 팀장 자신의 자아존중감이 역경을 넘어서는 데 필요한 버팀목이 되어줄 것이다.

누군가에게
최고의 팀장이 되라

골치 아픈 팀장생활은 얼마나 해야 할까? 팀장생활은 최대한 짧게 하고 회사원들의 별인 임원이 빨리 되면 좋겠지만 그게 쉽겠는가? 회사별로 다르겠으나 대기업을 기준으로 보면 평균 5년 정도 중간관리자 역할을 잘 수행하면 임원의 기회를 잡을 수 있을 것 같다. 위아래로 시달리는 팀장이지만 개인별로 그 기간이 얼마가 될지는 몰라도 최소한 본인을 팀장으로 모시는 팀원들에게는 최고의 팀장이 되고자 노력해야 한다. 직원들은 어떤 팀장, 어떤 리더를 존경하고 따를까?

전 세계적으로 많은 기업들이 이용하는 인성검사(PI, Predictive Index)를 개발한 HR컨설팅 기업 Predictive 컨설팅사는 22개 산업군 5,103명의 직장인을 대상으로 훌륭한 리더와 나쁜 리더의 특징에 대해 설문조사를 실시했다. 각각의 리더에 대해 20개의 특성을 선별하였는데, 상위 5개씩만 정리하면 다음과 같다.

훌륭한 리더(Great Leader)	No	나쁜 리더(Bad Manager)
직업윤리가 강하다.	1	기대치를 명확히 전달하지 않는다.
정직하다.	2	편애한다.
유머감각이 있다.	3	팀원의 경력관리나 자기계발에 관심이 없다.
자신감이 있다.	4	직원들 뒤에서 험담을 한다.
긍정적인 태도를 가지고 있다.	5	피드백에 대한 관심이 낮고 공개하지 않는다.

The Predictive Index, People Management Survey 2018 'How to be a great managers'(or a terrible boss)

사실 훌륭한 리더에 있는 다섯 특성은 어느 정도 타고 나는 부분도 있는 것 같다. 신임 팀장 입장에서는 훌륭한 리더의 특성보다는 나쁜 리더의 5가지 특성을 범하지 않는 것이 좋은 팀장으로 자리 잡는 데 도움이 된다.

다음 단어들의 조합은 동일 조사에서 답변자에게 주관식으로 훌륭한 리더와 나쁜 리더하면 떠오르는 단어 3개씩을 모아 조합한 단어를 빅데이터로 재구성한 것이다. 나쁜 리더의 모습에 나에게 해당되는 애

The Predictive Index, People Management Survey 2018 'How to be a great manager'(or a terrible boss)

기들이 있는 것은 아닌지 살펴보길 바란다.

보통 신입사원으로 입사 후 팀장이 되기까지 약 15년이 소요된다고 가정하면, 직원들이 팀장이 되기 전까지 약 7~8명의 팀장을 경험하게 된다. 어떤 팀장이 직원들의 머릿속에 최고의 팀장으로 자리매김하게 될까? 무엇보다 본인을 승진시켜 준 팀장이 좋은 기억으로 남을 것이다. 또는 업무 전문성이 뛰어나서 본인의 업무역량이나 성과 창출에 많은 도움을 준 팀장도 좋은 기억으로 남을 수 있다. 그렇다면 최악의 팀장은 어떤 팀장들이었을까? 팀원의 성과를 가로채고 사내정치에만 혈안이었던 팀장, 또는 공정하지 못한 팀 운영으로 승진이나 인사평가에서 불이익을 준 팀장일 것이다.

팀원에게 주중 시간의 대부분을 보내는 회사생활에 가장 큰 영향을 미치는 사람이 바로 팀장이다. 그 영향은 회사생활에만 머무르지 않고 팀원들의 가정생활에까지 영향을 미치기도 한다.

만약 당신 팀의 팀원이 집에서 이런 대화를 나눈다면, 힘든 팀장생활을 버텨내는 원동력이 되지 않을까?

"요즘 회사생활은 어때요?"

"힘들어. 하지만 이번 팀장님은 지금까지 팀장님들 가운데 단연 최고야. 팀장님 덕분에 업무적으로 큰 성장을 한 것 같아. 특히 이 팀장님은 믿고 따를 수 있는 분이란 생각이 들어. 나도 나중에 이런 팀장이 되고 싶어."

> 자기관리 잘하는
> 팀장 소리 듣는 법

매년 초겨울쯤 되면 국내 대기업들의 본격적인 인사발표 시즌이 시작된다. 여기에 빠지지 않고 등장하는 내용이 있다.

〔○○그룹 '임원승진자 평균 연령 ○○세,
지난해보다 임원 평균 연령 X.X년 젊어짐.〕

그렇다면 팀장들의 평균나이는 어느 정도 될까? 회사에 따라 천차만별이다. 역동적인 스타트업은 20대 팀장도 많을 테고, 안정적인 금융이나 공공기관은 50대 팀장 비중도 상당하다. 대개의 중견기업이나 대기업들은 40대 중반에서 50대 초반의 팀장이 많다. 그런 팀장들은 자신의 모습을 어떻게 생각할까?

'언제 이렇게 나이를 많이 먹었지?' 하는 생각이 드는 나이

'나도 신입사원 때는 날씬했는데…' 하는 외모

'예전에는 이렇게 술 먹어도 다음 날에는 끄떡없었는데…' 하는 체력

'지금 저 친구들이 무슨 얘기를 하는 거지?' 하는 떨어지는 센스

팀장은 팀원의 롤모델이다. 즉 팀원은 현재 함께 일하는 팀장의 모습을 보고 몇 년 후 자신의 모습을 떠올리게 된다. 물론 요즘은 팀장과 팀원의 나이가 역전되는 현상이 많이 보이지만, 신입사원이나 대리, 과장급 직원들은 팀장을 보며 자신의 꿈을 키운다. 후배들의 롤모델이 되고 다른 사람의 인생에 영향을 미치는 존재가 되었다는 것은 기분 좋은 일일 수 있지만, 그만큼 부담스러운 것도 사실이다.

직원들이 믿고 따를 만한 모습의 팀장으로 살아가기 위해서는 업무 외적으로도 부단한 자기관리 노력이 필요하다. 특히 신임 팀장의 경우 팀장생활에 얼마나 잘 적응하는지가 남은 회사생활에서 성공할 것인지 실패할 것인지를 가늠하는 중요한 척도가 된다. 성공하는 팀장이 되기 위해 관리해야 할 것들이 많이 있겠으나, 이번 생을 살아가는 팀장들에게 꼭 필요한 딱 세 가지의 자기관리 포인트를 제시하고자 한다.

첫째, 외모 관리를 잘하자.

외모 관리는 어학 공부 같다. 취업 직전까지 한껏 그 능력치를 끌어 올렸다가 입사해서 영어를 사용하지 않으면 잊히는 영어처럼 말이

다. 신입사원 시절의 탄탄했던 몸은 회사라는 울타리 속에서 열심히 일만 하다 보면 흔적조차 없이 사라진다. 1인 기업가로 살아가는 사람들을 보면 외모를 본인의 경쟁력의 중요한 하나의 축으로 보고 열심히 관리하는 모습을 자주 볼 수 있다. 하지만 회사원들은 외모관리의 필요를 1인 기업가나 프리랜서와 같은 직업군보다는 상대적으로 덜 느끼므로 관리에 소홀한 부분이 있는 것 같다. 회사라는 울타리에 있더라도 '외모가 경쟁력'이 되는 순간은 언제든 찾아올 것이기에 평소에 관리에 힘쓰기를 권장한다.

둘째, 센스 관리를 잘하자.

몇 년 전부터 신조어를 활용한 '아재', '꼰대' 테스트가 유행이다. 구인구직 매칭 플랫폼 '사람인'에서 조사한 자료에 따르면 기업들이 적정하다고 보는 신입사원의 나이는 남성 27.9세, 여성 25.7세라고 한다. 팀장들의 나이가 40대 중후반이라고 가정하면 신입사원들과는 약 20년 차이가 난다. 회사 내 밀레니얼 세대나 Z세대 직원들은 브라운관 TV로 88서울올림픽을 직접 보고, 2002년 월드컵을 사회에서 만끽한 팀장 세대와 사고방식이 확연히 다르다. 팀장들 역시 본인보다 20년 나이 많은 60~70대의 인생 선배들과 완벽한 공감과 소통을 못 하는 것과 비슷한 이치다.

게다가 과거에 비하면 요즘은 얼마나 세상의 변화가 빨라졌는가! 젊은 팀원들과 함께 일하며 꼰대 취급 안 받고, 한 데 어울려 일하려면 센스가 있어야 한다. 센스는 곧 눈치다. 가죽 샌들에 종아리까지 올라오는 검은색 양말을 신고 다니는 수준의 센스를 가진 사람이 팀장을 할 수 있는 시기는 이미 오래전에 지나갔다는 걸 우리는 잘 알고 있다. Z세대 신입사원 눈에는 X세대 팀장도 가죽 샌들에 양말을 신고 다니는 사람과 다르지 않게 보일지도 모른다. 센스지수를 높이기 위해서는 고정관념을 버리는 것이 중요하다. 본인이 가진 고정관념에 얽매이지 않고, 열린 자세로 젊은 직원들을 보고, 그들의 세대에 대해 의도적인 호감을 가져 보는 것은 어떨까?

셋째, 건강 관리를 잘하자.

팀장들은 유난히 담배를 자주 피운다. 정작 CEO나 임원들은 담배를 별로 피우지 않는데 말이다. 또한 본인의 건강을 스스로 잘 챙기는 후배들 역시 흡연 비율이 낮다. 유독 팀장들만 여기저기 삼삼오오 모여 담배를 피우며 정보를 교환하고 서로를 위로한다. 동병상련의 마음으로 담배 연기를 내뿜고 있을 것이다. 오죽하면 회사에서는 학연, 지연보다 흡연이라는 말까지 나왔을까? 술자리도 마찬가지다. 팀장이 되면 업무적인 술자리가 늘어나기도 하지만, 본인 스스로 만드는 술자리도 많다는 것을 부인할 수 있는 팀장은 별로 없을 것이다. 2020년대를 살아가는 오늘은 기대수명이 70~80세이고, 50대 중후반에 정년퇴직을 맞이하던 시대와는 완전히 다른 시대이다. 바야흐로 100세 시대다. 이제 고작 40~50대인 팀장들은 앞으로 50년을 더 살아가야 한다. 업무 스트레스를 핑계로 술과 담배에 의존하지 말고, 건강부터 챙기는 것이 회사생활은 물론 남은 인생을 위해 노력해야 할 최고의 가치다.

지금부터 외모, 센스, 건강을 관리하라. 각 관리요소에 대해 목표를 설정하고 본인에게 줄 선물을 준비하자. 본인의 목표관리에 최적화가 가능한 스마트폰 애플리케이션으로 꼼꼼히 관리하며 살아간다면 당신은 어느새 팀원들이 가장 함께하고 싶은 팀장, 닮고 싶은 팀장이 될 것이다.

# #

소통관리: 훈련 없이
결코 잘할 수 없다

내 편을 만들어 주는
경청의 자세

5년 경력 이상의 직장인들에게 '당신의 상사가 갖추었으면 하는 조건이 무엇이냐'고 묻자 '부하의 업무 상황을 이해하고 경청해주는 태도'라는 답변이 37%로 단연 1등을 차지했다고 한다. 이 조사는 이미 15년 전에 HR코리아라는 회사에서 조사한 결과다. 만약 같은 질문을 지금 던진다면 어떤 결과가 나올까?

유사한 수준이거나 오히려 경청의 태도가 더 필요하다는 답변이 나오지 않을까 한다. 2020년대를 사는 지금은 밀레니얼 세대의 대표주자인 1990년생들이 회사 내 주니어 직원 그룹의 주축으로 자리 잡고 있으며, 그들에게조차 새로운 Z세대를 후배로 맞이하고 있다. 여전히 회사 생활에서 볼 수 있는 전형적인 모습은 '윗사람들은 말하고, 아랫사람들은 듣는다'는 것이다. 세대 불문하고 자신의 말만 하는 기성세대에 대한 거부감을 가지고 있다. 다만 과거에는 싫어도 억지로 듣는 척이라고 해

췄지만, 요즘은 '듣는 척하는 것'조차 힘겨워하는 후배들이 많다. 듣는 사람의 의지와는 상관없이 '라떼는 말이야(Latte is horse)'로 시작하는 팀장의 무용담 따위에 Z세대는 전혀 관심이 없다.

대한민국의 직장 세계에서 직급은 곧 발언권이자 발언 시간의 척도이다. 정쟁을 거듭하는 국회조차 발언 순서와 각자에게 주어진 발언 시간이 정해져 있다. 회사에는 그런 것들조차 없다. 팀장과 팀원이 있으면 팀장이 말을 하고 팀원은 듣는다. 임원과 팀장이 있으면 임원은 말을 하고 팀장은 듣는다. 하버드 경영대학원의 교수이자 세계적인 경영학 구루인 에이미 에드먼슨(Amy C. Edmondson)은 그녀의 저서 『두려움 없는 조직』에서 침묵하는 조직의 위험함에 대해 경고한다. 또한 구성원들이 자유롭게 이야기할 수 있는 심리적 안정감의 중요성과 구성원 누구나 목소리를 내야 한다고 강조한다. 과연 2020년대를 살아가는 대한민국 회사원 중 얼마나 윗사람들에게 하고 싶은 말을 할 수 있을까? 정작 중요한 건 이야기를 듣는 윗사람들인데, 과연 그들은 직원들의 이야기를 들을 준비는 되어 있는지, '경청'을 책으로만 배운 건 아닌지 걱정된다.

사실 수평적 커뮤니케이션 분위기를 형성하려는 회사들의 노력은 계속되고 있다. 대표적인 예로 최근 많은 회사에서는 직급을 나타내는 호칭 대신 영어 닉네임이나 'OO 프로님'처럼 호칭을 통합하여 직급에서 오는 소통의 벽을 해소하려고 노력 중이다.

이 책을 읽는 당신이 유능한 리더, 존경받는 팀장과 선배가 되고자 한다면 가장 먼저 익혀야 하는 기술이 있다. 그것은 바로 팀원 또는 후배의 의견을 경청하는 기술이다.

본인이 팀장이니까, 회사를 더 다녀 봐서 다양한 경험을 먼저 해봤다고 선의(善意)를 가지고 조언이나 충고를 해주려는 사람이 많다. 팀원이나 후배가 물어 오지도 않았는데 말이다. 대개 이런 경우에는 말을 하는 사람은 마치 본인의 얘기가 정답이라도 되는 듯이 일방적으로 이야기를 이어간다. 물어보지도 않은 얘기, 듣고자 하지 않는 이야기를 끊임없이 하는 사람 앞에 앉아 있어야 하는 팀원 또는 후배는 무슨 죄인가? 일방적으로 얘기를 하기 전에 우선 진지하게 상대방의 이야기를 듣는 것부터 시작해야 한다.

팀장인 당신이 팀원의 말을 경청할 때 명심해야 할 3가지

① 말하는 팀원에게 집중하기

팀장들은 항상 바쁘다. 팀장과 대화를 하려고 마주 앉아 있는 팀원이 바로 앞에 있음에도 팀원에게 집중하지 못하고 모니터를 보거나 수시로 스마트폰을 체크하는 팀장들이 있다. 팀장의 이런 모습이 팀원들에게는 진지한 대화를 하고 싶은 마음이 전혀 들지 않게 할 뿐이다. 어쩌면 팀장으로부터 무시당하고 있다는 생각까지 들게 할지도 모른다.

② 먼저 묻고 먼저 듣기

회사에서의 팀장과 팀원의 대화 상황은 뻔하다. 팀장이 불러서 팀원이 팀장 자리로 왔거나, 팀원이 할 얘기가 있어서 팀장을 찾은 경우다. 어떤 경우이든 가장 중요한 점은 팀장과 팀원이 서로 대화를 하기 위한 열린 마음의 상태가 되는 것이다. 여기서 가장 유용한 질문은 뻔히 정답이 정해져 있을 법한 질문이 아니라, 조급함을 내려놓고 열린 질문으로부터 대화를 시작해 보는 것이다. 급한 마음에 팀원의 얘기는 들어 보지 않고, 팀장의 생각만 말하게 되면 팀원은 더 좋은 아이디어가 있더라도 입을 굳게 닫을 것이다.

③ 적극적으로 공감하기

팀원의 말에 온몸으로 공감해주자. 우선 몸을 팀원을 향하고 눈을 맞추자. 팀원이 하는 얘기 중에 중요해 보이는 부분에서는 메모도 하고 팀장의 입으로 팀원이 한 얘기를 한 번 더 확인해주는 것이 도움이 된다. 이런 팀장의 모습에 팀원은 본인의 얘기를 귀담아 들어주는 팀장을 더욱 신뢰하고 따르게 된다.

웬만큼 회사에 다닌 직장인들이라면 회사의 교육 프로그램에서 한 번쯤 접해 봤을 법한 '메라비언의 법칙'(The Law of Mehrabian)이라고 있다. 이 법칙은 미국 UCLA의 심리학과 메라비언 교수가 고안한 커뮤니케이션 이론이다. 요약하면 한 사람이 상대방으로부터 받은 인상은 시각이 55%, 청각이 38%, 언어가 7%를 통해 받게 된다고 한다. 즉, 시각과 청각으로 구성되는 93%의 비언어적인 부분이 상대방의 인식에 영향을 준다는 뜻이다. 팀원의 이야기를 열심히 듣는다고 해도 흐트러진 복장과 팔짱 낀 뻐딱한 자세로 대화를 나눈다면 오히려 역효과가 날 수도 있으니 조심하는 것이 좋겠다.

한편 위로 올라갈수록 견해가 다른 이야기를 점점 더 듣기 싫어하는 경향이 있다. 중국의 사상가 한비자는 '군주야말로 다양한 의견을 가감 없이 들을 수 있어야 하고, 만일 같은 의견이 나올 경우에는 그 원인이 어디 있는지를 파악한 후에 적극적으로 다른 의견을 들어야 한다'라고 했다. 중간 리더인 팀장들에게 다양한 의견을 듣고 또 비슷한 내용의 얘기들을 들을 때 말을 자르지 않고 끝까지 듣는다는 것은 상당한 인내가 필요하다. 그렇다면 팀장이 경청을 잘하게 되면, 무엇을 기대할 수 있을까?

첫째, 팀원이 팀장의 말에 진심으로 귀를 기울이게 된다.

팀에서 업무를 리딩하는 과정에서 상명하복 문화로 일관한다면, 팀원들은 업무에 동기부여 되지 않을 확률이 높다. 팀원 스스로 더 잘할 수 있는 업무임에도 불구하고, 딱 팀장이 시키는 수준으로만 업무를 수행하고, 또 업무지시 전에 자발적인 업무수행은 더더욱 기대할 수 없게 된다. 팀원이 스스로 본인의 이야기를 충분히 팀장과 대화하면서 업무 방향성을 잡아간다면, 더 생산적인 의견을 나누게 되고 팀원의 업무몰입과 실행력 또한 높아질 것이다.

둘째, 팀원의 본심을 알 수 있다.

진지한 태도로 팀원의 얘기를 끝까지 들어 봐야 팀원이 정말로 말하고자 하는 내용이 무엇인지를 간파할 수 있다. 팀원의 말을 자르고 본인 말만 한다면 팀원이 팀장을 찾아오기에 앞서 고민한 시간과 노력은 사라지고, 팀원의 지혜도 얻을 수 없다. 입장을 바꿔 생각해 보자. 팀장인 당신의 이야기에 귀를 기울여주고, 또 분명히 틀린 말을 함에도 끝까지 이야기를 경청해주는 임원이 있다면 따르지 않겠는가? 팀원도 이런 당신과 같은 생각일 것이다.

대부분의 직장인들은 이런 경험을 많이 겪어봤을 것이다. 같은 조직에서 별로 친하지 않은 다양한 직급의 직원들이 한자리에 모여서 이야기하는 상황. 아마 해당 월에 생일이 있는 직원들을 축하하는 자리일 수도 있고, 'OO미팅, OO데이'라는 이름으로 회사 정보 공유나 내부결속을 다지는 자리일 수도 있다. 보통 이런 자리는 신입사원부터 임원들까지 참석하는 자리이므로 임원들은 직원들이 모두 보는 앞에서 실적을 깨거나 성과를 재촉하는 발언은 하지 않는다. 오히려 이런 자리를 본인의 이미지 쇄신의 기회로 만들고자 하는 노력하는 임원들이 많다.

스스로 아재가 아님을 증명이라도 하듯이 잘 알지도 못하는 아이돌 가수 이야기를 하거나 최근 유행하는 드라마 이야기를 어색하게 하기도 한다. 또는 본인이 센스를 겸비한 임원이란 것을 증명하려는 듯 썰렁한 농담을 던지기도 한다. 이런 상황에서 그 썰렁한 농담에 엄청난 리액

션으로 화답해주는 팀장이 있는가 하면, 자신의 감정에 충실한 채 굳은 표정으로 일관하는 팀장도 있다.

이런 두 부류의 팀장들을 보면 팀원들은 어떤 생각이 들까? 아부의 화신으로 보이는 팀장에 대해서는 '와… 저렇게까지 해야 하나? 저렇게 해야 팀장이 되고, 또 임원이 되는 건가?'라고 비판적으로 보는 사람도 분명 있다. 또 목석같이 무표정한 대응을 보여주는 팀장에 대해서는 '저 팀장은 저래서 안 되는 거야. 임원 비위 좀 적당히 맞춰 주고 살갑게 굴어야지. 저 팀장은 올해도 승진하기는 글렀구먼' 하고 안타까워하는 사람도 있을 것이다.

『인간관계론』 등 시대를 초월하는 세계적인 베스트셀러를 집필한 데일 카네기(Dale Carnegie) 교수는 그의 책을 통해 아부에 대한 인간의 심리를 잘 설명해주었다. '인간은 쉽게 속아 넘어간다. 또 자신을 비판할 줄 모르는 존재다. 그들은 존경에 굶주려 있고, 자신의 가치를 남들이 알아주기를 몹시 갈망한다. 그 결과 자신에게 관심을 쏟고, 자신의 진가를 알아주는 간단한 말이나 행동에, 그리고 사소한 아부에 마음을 쉽게 내준다'라고.

또 서양 속담에 '아부만 잘하면 못 갈 곳이 없다'라는 말도 있고 '최고의 아부는 그 사람을 따라 하는 것'이라는 말도 있다고 한다. 아부에 대해서만큼은 서양이 우리나라보다 훨씬 앞서는 것 같다. 우리나라의 뿌리 깊은 유교 정서에서는 아부에 대한 부정적 인식이 강하다. 예로부터 권력을 멀리하고 남에게 굽신거리지 않고 대쪽 같은 성품을 가진 가난한 선비가 남들의 환심을 사기 위한 교언영색 하는 부자보다 더 존경받는 모습으로 그려져 왔다.

하지만 오늘날 현실 속의 직장인들은 기본급과 성과급이 구분된 급여체계를 가진 회사에서 사무적으로 하루하루를 살아간다. 아무리 직장 내에서 수평적 커뮤니케이션이 확대된다 한들, 임원에게 마음에 없는 듣기 좋은 달콤한 말 한마디 못하고 입에 바른 소리만 하려는 팀장은 정작 본인의 인사평가에서 좋은 평가를 기대하기 어렵다. 나쁜 평가는 곧 성과급이 줄어드는 것을 의미하고, 임원 승진은 더 기대하기 어려운 상황을 초래한다. 안타깝지만 급여가 줄어들고 계속 승진을 못 하면 집에서도 회사에서 고생하는 것만큼 대접받기 어렵게 된다.

물론 본인 자신의 실력을 쌓을 생각 없이 아부로만 일관하며 타인을 밟고 올라서려는 사람이라면 문제가 될 수 있다. 하지만 팀장인 내가 팀원들에게 대우받고 싶은 것처럼 임원들도 마찬가지일 것이다. 팀장이 임원과 서로 기분 좋게 지낼 수 있는 '아부의 기술'을 익힌다면 기대 이상의 열매가 자신에게 돌아온다는 점을 기억하면 좋겠다.

『아부의 기술』(원제: You're too kind)의 저자인 미국 시사주간지 타임의 수석편집국장 리처드 스탠걸(Richard Stengel)은 아부에 대해 다음과 같이 정의했다. '자기 자신이 유리한 입장에 놓이도록 하기 위해 다른 사람을 높이는 일종의 현실조작이자 미래의 좋은 결과를 기대하고 행하는 의도적인 거래'라고. 팀장에게 더 좋은 결과란 무엇이겠는 가? 하루라도 빨리 팀장생활을 마치고 임원이 되는 것이다. 그렇다면 어떻게 하는 것이 기술적인 아부인가? 아부는 자연스러워야 한다. 사람들의 옷차림처럼 TPO(Time/Place/Occasion) 관점에서 적절하게 활용이 되어야 어색함이 없다. 이 시대의 팀장들에게 꼭 필요한 다섯 가지 아부의 기술만 정리해 본다. 팀장이 될 정도의 회사 경험을 가지고 있는 사람들에게 다음의 다섯 가지는 기본 중의 기본으로 보일 수 있겠지만.

첫째, 직속 상사의 아부 대상자에게 상사를 칭찬하라.

예를 들어, 본인의 직속 상사가 상무이고, 상무의 직속 상사가 부사장이라면 팀장인 당신은 부사장에게 본인의 직속 상사인 상무에 대한 칭찬이나 미담을 들려줘야 한다. 이러한 당신의 모습이나 행동을 상사가 알게 되면 흐뭇해할 것이다. 팀장 스스로 느끼기에도 배울 점이 많고, 존경받을 만한 상사라면, 그를 칭찬하는 일은 크게 어렵지 않다. 문제는 그렇지 못한 경우다. 팀장 정도의 위치에 있는 당신이라면, 억지로라도 마음에 없는 멘트를 날리려고 노력해보기를 권한다.

둘째, 상사가 없는 곳에서 칭찬하라.

회사원들은 둘 이상 모이면 회사, 상사, 동료에 대해 뒷담화를 하기 바쁘다. 팀장인 당신은 이런 험담에 동조하기보다는 칭찬하려고 노력해보길 권한다. 만약 험담의 대상이 당신의 직속 상사라면 험담에 끼지 말

라. 차라리 침묵을 택하는 편이 낫다. 팀장들의 경쟁은 팀원들의 경쟁과는 차원이 다르다. 당신이 어디선가 부지불식 간에 하는, 누군가에 대한 험담이 당신 경쟁자의 귀에 들어가면 난처한 상황이 생길 것이다.

셋째, 뻔한 아부는 안 하느니만 못하다.

메이저리그 최고 투수인 사이영상 후보에 오를 정도의 실력을 갖춘 대한민국 출신 선수에게 '공을 정말 잘 던지시네요'라고 칭찬해 봤자, 그 선수는 별다른 감흥을 못 느낄 것이다. 오히려 당신은 영혼 없는 뻐꾸기만 날리는 입 싼 사람으로 오인될지도 모른다. 반면에 '와, 미국 야구에 적응하기 바빴을 텐데 영어도 정말 잘하시네요'라고 한다면 그 선수는 어깨를 으쓱할 것이다. 마찬가지로 팀장인 당신은 임원들이 뻔히 예상할 수 있는 아부보다는 예상하지 못한 칭찬이나 매우 구체적인 칭찬을 임원에게 해준다면 '나에 대해 정말 관심이 많고, 나를 진심으로 좋아하는 믿을 만한 팀장이구나'라고 생각하며 당신을 다시 보게 될 것이다.

넷째, 아부 후 반응을 살펴라.

실력 없이 아부만 하는 팀장은 동료 팀장들 사이에서 공공의 적이 된다. 아부쟁이 팀장의 아부성 발언을 듣는 임원의 표정이 밝아지면서 '진짜? 그렇게 생각해?'라는 반응을 보일 수도 있겠지만, 누군가는 '저 사람 또 오버하고 있네'라는 반응을 보일 수도 있다. 당사자의 반응뿐 아니라 주위의 반응도 함께 살펴야 한다. 주위 반응을 살피지 않은 채,

눈치 없이 아부를 남발하면 동료도 잃고, 본인에 대한 평가 역시 잃게 된다.

다섯째, 갑자기 아부하지 말고 평소에 잘하라.

인사평가와 승진 시기가 오면 회사원은 예민해진다. 팀장인 당신처럼 당신의 상사 역시 평가나 승진, 또는 무언가 부탁을 들어줘야 하는 상황에서 갑자기 자신에게 평소에 하지 않는 아부성 발언을 남발하는 팀장은 부담스럽다. 당신의 팀원이 평가 시기에 갑자기 이런 모습을 당신에게 보이면 어떤 생각이 들겠는가? 일시적인 아부, 갑작스러운 아부는 당신을 '기회주의자'로 몰아갈 수 있으므로 조심해야 한다. 평소에 잘해라.

회사에서 팔자에도 없는 아부를 해야 한다고 너무 억울해하지 말자. 누군가는 처자식을 위해 간 쓸개 버리고 회사에 출근해서 아부하며 회사생활을 연명한다고 생각하는 사람도 있을 것이다. 하지만 어쩌면 당신의 가족들은, 가장(家長)인 당신이 사회생활을 이어가는 힘을 낼 수 있도록 당신에게 아부하고 있을지도 모른다.

아일랜드 문학가 조지 버나드 쇼(George Bernard Shaw)는 '당신이 누군가에게 아부한다는 것은 곧 당신이 그를 아부할 만한 가치가 있는 사람이라고 여기기 때문'이라고 했다. 당신의 상사는 당신의 인사평가와 회사생활의 행복지수를 조절하는 칼자루를 쥔 사람이다. 또한 어렵사리 잡은 팀장의 기회도 빼앗을 수 있는 위치에 있는 사람이다. 아부의 가치로 본다면 당신의 직속 상사는 충분히 아부 대상 1호의 자격을 갖추고 있다. 억울하면 출세해라. 아부에 대한 당신의 사고방식을 고치지 않으면 아부를 받는 자리로 올라서는 데 걸리는 시간이 다른 사람보다 훨씬 더뎌질 것이다.

세련되고 생산적인
회의 만들기

팀장이 되면서 달라지는 건 회의가 부쩍 늘어난다는 점이다. 팀 회의야 본인 주도로 하면 되지만, 팀장이 되면 여기저기 불려 다니는 회의도 많아지고, 또 불려 가서 듣거나 확인한 내용을 전달하기 위한 회의를 또 해야 한다. 회의는 정보를 공유하고 합리적인 의사결정을 내리는 데 필요한 회사생활의 중요한 활동이다. 그럼에도 회의 많이 하는 회사치고 잘되는 회사가 없다는 얘기들도 많이 한다. 지금 당신의 업무 일정을 확인해 보자. 주간회의, 월간회의, OO미팅, OO협의 등의 다양한 형태로 일정을 빼곡히 채우고 있지 않은가.

어떤 회의에 참석해 보면, '왜 나를 이 회의에 부른 거지?', '갑자기 윗사람들 있는 회의 석상에서 사전협의 없이 우리 부서와 관련된 내용을 그렇게 얘기해 버리면 어쩌라는 거야?'라는 실망스럽거나 당황스러운 회의 참석 경험이 있을 것이다. 물론 생산적이고 의미 있는 회의도 있지만 말이다.

회의에 많이 참석하다 보면 꼭 필요하지 않거나 준비가 부실한 회의는 금방 티가 나는 것을 알 수 있다. 회의 참석자는 회의 준비가 부족해 보이면 회의에 몰입하지 않고 스마트폰을 보거나 가져온 노트북을 열고 딴짓을 할 가능성이 커진다. 이러다 보면 회의의 목적달성은 고사하고 서로에 대한 불신만 초래한다. 다음에 유사한 회의가 소집되면 아예 참석을 안 하거나 아무나 '대리참석'시키는 회의로 전락하게 될 것이다.

실제로 회의 참석자들의 면면을 보면 참 다양하다. 주제와 관련 없는 장황한 발언들로 참석자들의 고개를 숙이게 만드는 임원들도 있겠고, 회의에 맥을 못 짚고 동문서답하는 팀장들도 있다. 어떤 사람은 회의에 참석하는 것에만 의미를 두고 본인의 의견 한마디 내뱉지 않은 채 시간만 보내다가 가려는 사람들도 있다.

각자 몸담은 조직의 문화와 업무 성격에 따라 회의 스타일도 천차만별이다. 불려 다니는 회의야 어쩔 수 없지만, 본인 팀이 주도하는 회의나 팀 미팅은 팀장이 스스로 만들어갈 수 있다. 세련된 회의 준비와 매끄러운 진행은 팀장을 충분히 돋보이게 할 기회가 된다는 점을 명심하자. 그렇다면 효과적인 회의는 어떻게 만들 수 있을까?

Step 1 명확한 회의안건(Agenda) 설정

왜 회의를 해야 하는지에 대해 명확한 이유가 있어야 한다. 그 이유가 회의의 안건(Agenda)이다. 실적 개선을 위한 회의인지, 서로 간의 이해관계를 조정하기 위한 자리인지, 아니면 단순히 정보를 공유하고 브레인스토밍을 하는 자리인지 등의 회의 목적에 따라 준비해야 하는 안건이 다르다.

불명확한 안건은 회의 참석자의 시간을 뺏는 원인이 된다. 따라서 회의를 통해 결론 낼 안건은 구체적이고 명확해야 한다. 단순히 'K 과장, OO 팀이랑 얘기나 좀 해보게 회의 한번 잡아봐'라고 지시하는 건 팀장으로서 최악의 모습이다. 회의의 목적과 안건을 명확히 설정하고, 다른 팀과의 회의가 필요하다면 사안의 배경 등을 충분히 설명한 후에 회의를 소집하도록 지시해야 한다.

Step 2 회의 준비

준비 안 된 회의에 참석하는 것만큼 시간 아까운 일도 없다. 실무자들은 임원 회의자료와 반복적인 주간 회의 자료 작성과 회의 준비 등 회의에서 오는 피로도가 상당하다. 다른 팀에서 하는 회의야 어쩔 수 없지만 일단 본인의 팀에서 주관하는 회의라도 제대로 준비하자. 당신의 팀에서 회의를 준비한다면 가장 중요한 것은 회의 참석자의 수준 맞추기(Leveling)다. 수준을 잘 맞추기 위해서는 2가지를 고려해야 한다.

첫째, 회의 참석자의 직급 레벨링이 되어야 한다.

이해관계가 첨예한 안건에 대해 회의를 진행하는데, 한쪽은 임원이 나오고, 반대쪽은 실무 팀장이 나온다면 협의가 되겠는가? 의미 없이

귀한 시간만 버릴 뿐이다.

둘째, 회의에 대한 관심 수준을 맞춰야 한다.

　　관심 수준을 맞추기 위해서는 회의 자료를 사전에 공유하고, 회의를 통해 도출하고자 하는 회의의 아웃풋 이미지를 제시하여 적극적으로 회의에 참여할 수 있도록 동기부여를 해줘야 한다. 한쪽은 각종 자료를 준비해 와서 적극적으로 회의에 참여하는데, 다른 쪽은 뒷짐 지고 있다면 회의가 제대로 될 수 없다. 회의를 준비하는 입장이라면 효과적으로 회의가 진행될 수 있도록 회의 참석자에게 필요한 각종 자료를 미리 제공해줘야 한다. 안건에 대해 사전에 검토할 시간도 주지 않은 채 회의에 참석만 요구하는 것은 매너가 아니다. 정기적인 회의가 아니라면 회의 참석자에게 전화를 걸어 회의에 대해 다시 한번 설명하고, 메일의 스케줄 기능을 활용하여 초대하는 것이 좋다. 또 참석 가능 여부에 대해 피드백을 확실히 받는 것도 좋은 방법이다.

　　회의에 참석하는 입장이라면, 회의안건에 대한 소속부서의 입장을 상사와 함께 의논해 보는 것이 필요하다. 충분한 사전검토 없이 즉흥적으로 회의 자리에서 내뱉은 발언 때문에 팀 또는 다른 부서까지도 어려움에 빠질 수 있기 때문이다.

Step 3 　회의

　　회의는 한정된 시간에 관련자들이 한자리에 모여 결론을 만들어가

173

는 과정이다. 충분히 회의 안건에 대해 사전에 공유 및 검토를 전제로 드디어 한 공간에서 만나게 된다. 회의가 제대로 진행되지 않으면 상당한 기회비용이 발생한다. 이런 우(愚)를 범하지 않기 위해서는 당연해 보이지만 실천이 쉽지 않은 다음의 4가지를 명심해야 한다.

첫째, 상대방의 의견을 경청해야 한다.

모든 회의에는 상대방이 있다. 상대방의 얘기에 귀를 기울이지 않고, 자기 할 말만 하는 사람과는 정상적인 회의가 될 수 없다.

둘째, 대안 없는 비판은 하지 마라.

본인 부서의 일도 아니면서 '무조건 안 된다'는 식으로 일관하는 사람들이 있다. 대안도 제시해주지 않은 채 눈을 동그랗게 뜨고 부정적인 코멘트만 하는 사람들은 어디에서도 환영받을 수 없다. 어떤 조직이든 충분하지 않은 자원으로 성과를 내야 하는 비슷한 처지에 놓여 있다. 다른 참가자들이 비판을 못 해서 안 하는 것이 아니라는 점을 명심하라.

셋째, 자기주장을 명확히 해라.

같은 회의에 참석하는 참가자라도 부서별 입장에 따라 서로 다른 의도를 가지고 회의에 참여할 때가 많다. 귀한 시간을 내서 회의에 참석한 만큼 사전검토를 바탕으로 준비해온 자신 또는 부서의 입장에 대해 발언해야 한다. 가능하다면 각종 수치 데이터나 관련 자료를 제시하여 본인의 발언에 신뢰성을 높이도록 노력해야 한다. 회의가 진행되는 상황을 잘 살펴보면 회의 결과가 자신의 부서와 회사에 어떤 영향을 미칠지를 누구보다 잘 알 수 있다. 그 현장에서 소신 있는 발언을 하지 않는다면, 나중에 임원으로부터는 '팀장이나 돼서 회의에서 뭘 한 거야?'라고 핀잔을 들을 수도 있고, 부하직원으로부터는 '팀장님, 회의에 가셔서 일만 받아 오셨네요'라는 불평을 들을 수 있다.

넷째, 시간 관리를 잘해야 한다.

시간 관리는 회의 주최 측에서 가장 신경 써야 하는 부분이다. 시간 관리에 실패하면 공정하고 효율적인 회의가 될 수 없다. 특정인의 장황한 발언은 다른 참가자들을 회의의 방관자로 만들어 버린다. 또 예정된 시간을 넘겨 회의가 진행되면 누군가 먼저 자리를 떠야 하는 상황이 발생해서 회의를 다시 소집해야 하는 불상사가 발생하기도 한다. 회의 참석자들이 이렇게 흐지부지한 회의 경험을 갖게 되면 회의 주최 부서가 다시 회의를 소집한다 한들 회의에 적극적으로 참여 안 할 가능성이 커진다.

Step 4 **회의록 공유 및 후속 피드백**

크든 작든 간에 대부분의 회의는 의사결정을 위한 회의다. 단 한 번의 중대한 의사결정을 위해 세부적인 의사결정이 필요하고, 이러한 의사결정을 위한 각종 보고와 토론이 회의의 형태로 진행된다. 회의를 주최

하는 팀에서는 회의를 마친 후 최대한 신속하고 객관적으로 회의록을 작성하여 공유해야 한다. 회의록 공유가 늦어지면 각 회의 참가자들은 회의 내용을 주관적으로 해석하여 갈등이 생길 우려가 있다. 특히 회의를 통해 의사결정 된 사항들에 대해서는 최대한 명확하게 표현하고, 회의록에 이견이 있는 경우 지정된 시점까지 이의제기하라고 해야 한다.

회의 참가자 입장에서도 회의 주관부서가 회의 내용을 아전인수 격으로 해석하여 회의록이 공유되고 향후 의사결정에 활용될 수 있음에 주의하자. 공유된 회의록을 꼼꼼히 살펴보고 회의록 내용이 발언 의도와 다를 경우 회의록의 수정을 정식으로 요청해야 한다. 끝으로 후속 회의가 필요할 경우, 후속 회의와 각 참가자의 준비 요구사항을 정리해서 최대한 이른 시점에 공유하는 것이 좋다. 회의를 주최하는 팀과 달리 참여하는 팀들에게는 시간이 지날수록 해당 회의에서의 안건이 본인들의 업무에 있어 뒷순위로 밀릴 수 있기 때문이다.

왜 회의가 중요할까? 회사원에게 '사람 좋다'는 말보다는 '일 잘한다'는 말이 칭찬이다. 최소한 회사 안에서는 말이다. 회사에서 일 잘하는 모습을 다른 사람에게 드러내 보일 기회는 많지 않다. 잘 작성한 보고서로 자신의 수준을 과시할 수 있겠지만, 대부분의 중량감 있는 보고서는 팀 공동의 산물인 경우가 많다. 반면 회의를 함께해 보면 참가자 개인의 밑천이 드러나기 마련이다. 회의에 준비하는 입장이든 참여하는 입장이든 회의라는 공식적인 자리에서의 모습을 통해 본인의 진면목을 보일 수 있다. 어떤 경우에는 같이 회의를 몇 번 해본 것 만인데도 회의에 참여한 타사로부터 스카우트 제의를 받는 일이 생기기도 한다.

회의 공간에는 미묘한 기류가 흐른다. 서로 밀고 당기며 자신들에게 유리한 쪽으로 분위기를 만들어 가려 하고, 하고 싶은 말을 본인의 입으로 차마 못 하는 상황들도 많이 발생한다. 또 자신의 입을 통해 말하고 싶지 않은 얘기들도 조직의 요구에 따라 발언해야만 하는 상황도 있다. 이러한 다양한 상황 속에서 중요한 것은 순발력 있고 전략적인 대응이다. 이를 위해서는 업무역량은 기본이고 회의의 맥을 짚는 센스가 중요하다. 바로 이것이 누구나 회의를 잘할 수 없는 이유이고, 세련되게 회의를 잘하는 직원이 돋보이는 이유이기도 하다.

뻘쭘하지 않는
피드백 훈련

　회사원은 본인의 가치를 연봉으로 나타낸다. 연봉은 회사원의 몸값이다. 원칙대로라면 연봉은 매년 회사와의 협상을 통해 결정된다. 본인이 회사에 어떤 성과를 가져다줬는지, 앞으로 어떤 가치를 가져다줄 것이며, 시장에서의 경쟁력은 어느 정도인지 등을 종합적으로 고려해서 결정되어야 하지만 실상은 그렇지 못한 회사들이 많다. 회사 입장에서 확실한 것은 직원은 성과를 만들기 위한 경영자원 중 핵심이며, 성과를 만들어 낼 수 있는 직원역량 강화는 무엇보다 중요한 경영활동이다. 교육학 용어 가운데 학습곡선(Learning Curve)이란 용어가 있다. 학습곡선은 시간에 따른 학습의 진행 과정이나 행동의 발달을 도표로 나타내는 개념으로 교육 분야에서 시작됐다. 하지만 이 개념은 직장인에게도 적용될 수 있는데, 학문적인 학습(Learning)이 아니라 회사에서의 성과(Performance)나 역량(Capability)을 측정대상으로 바꾸면 회사원의 학습곡선이 된다.

가로축을 재직기간으로 놓고 세로축을 업무역량으로 놓고 생각해 보자. 회사원들의 학습곡선은 크게 다음의 3가지 유형으로 설명할 수 있다.

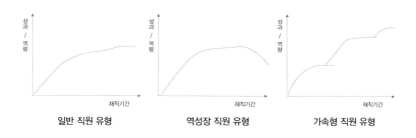

| 일반 직원 유형 | 역성장 직원 유형 | 가속형 직원 유형 |

첫 번째, 일반 직원 유형이다.

그들은 회사에 입사하여 회사에서 제공하는 OJT(On the Job Training)나 멘토링 프로그램에 성실히 임하며 조직에 적응한다. 사원 시절을 지나 대리와 과장 시기에 비교적 빠른 역량이 발전되다가 회사에서 고참이 되면서 역량 발전은 더뎌지는 경향을 보인다.

두 번째, 역성장 직원 유형이다.

이런 유형의 직원들은 직장생활의 어느 시점이 지나면서 역량이 오히려 떨어진다. 역량이 감소하는 원인은 다양하다. 개인적으로 회사에 적응을 못 해서일 수도 있고, 조직이 너무 안정적이거나 자신의 업무역량 향상에 대한 동기부여가 안돼서 젖은 낙엽처럼 지내는 것일 수도 있다. 또는 비록 회사에서는 승진포기자로 살아가더라도 회사 밖에서 또 다른 삶의 의미를 찾아 회사생활에 더 이상 집중하지 않는 경우이다.

세 번째, 가속형(Accelerated) 직원 유형이다.

다른 직원에 비해 역량의 성장 속도가 빠른 유형으로 회사 내에서의 자신의 입지를 다져가며 지속해서 자신의 역량을 강화해간다. 이런 직원들을 일본어로 표현하면 '마에무키前向(まえむき)'형 직원이라고 할 수 있다. '마에'는 앞을 의미하고 '무키'는 향한다는 뜻이다. 직장에서의 자세가 긍정적이고 업무에 임하는 태도가 적극적인 사람들을 이렇게 부른다. 이들의 앞에는 주로 팀장이 있다. 팀장이 어떤 모습을 보이느냐에 따라 팀장이 그들의 롤모델이 되기도 하고 반면교사가 되기도 한다.

팀장은 회사의 중간관리자로서 팀원들을 육성하고 코칭하며 첫 번째와 두 번째 유형의 직원들이 가속형 유형으로 변화시키는 불쏘시개 역할을 해야 한다. 그러한 역할에 필요한 팀장의 역량이 바로 세련된 피드백 역량이다. 얼마 전 타계한 GE의 전설적 경영자였던 잭 웰치(Jack Welch)는 '리더들이 하기 어려운 일 중 하나가 사람을 질책하는 것이다. 질책을 즐기는 사람이 리더가 될 수 없듯이 질책을 할 수 없는 사람도 리더가 될 수 없다'는 말로 피드백의 중요함을 강조했다.

팀장과 팀원 간의 피드백은 일상 업무에 자연스럽게 녹아 있어야 한다. 마치 인사평가를 마치고 직원들 면담하듯이 날 잡고 한 번에 해치우는 그런 형식적인 활동이 되면 안 된다. 팀장은 직원 개개인의 특성을 고려하여 개별직원에게 맞는 맞춤형 피드백을 제공해야 팀원들을 성장시키고 팀장과 팀원 간의 신뢰를 강화할 수 있다.

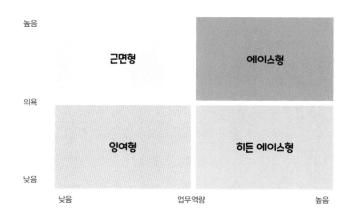

첫 번째, 업무역량도 높고, 의욕도 높은 '에이스형'이다.

이들은 대개 직장 내에서의 관계도 중요시하므로 팀장과의 관계도 좋다. 이들에 대한 팀장의 피드백에서는 팀장이 그들을 전적으로 '신뢰'하고 '임파워먼트(권한위임)'해주고 있다는 점을 언급해주면 좋겠다.

두 번째, 업무역량은 높으나, 의욕인 낮은 '히든 에이스형'이다.

팀장은 왜 해당 직원의 의욕이 낮아졌는지를 살펴보는 것이 중요하다. 혹시 의욕이 꺾인 원인이 본인이 봤을 때의 불합리한 승진이나 사내 정치 등으로 피해를 봤다고 생각한다면, 해당 직원은 자존심이 상하고, 자존감이 많이 떨어져 있을 수 있다. 이들에 대한 피드백에서는 팀장이 해당 직원의 역량을 '인정'하고 있으며 그의 우수한 역량을 회사와 동료들이 모두 '필요'하다는 점을 언급해주면 자신감을 회복하는 데 큰 도움이 된다.

세 번째, 의욕은 높으나, 업무역량이 낮은 '근면형'이다.

사실 업무역량이 낮은 데는 이유가 있다. 부서를 옮겼을 수도 있고 학습속도가 다소 느릴 수도 있을 것이다. 팀장은 피드백을 통해 이들이 부족한 역량을 향상시킬 수 있는 업무노하우를 전수하고 각종 교육프로그램 등을 소개해주면 직원의 업무역량 향상은 물론 팀장에 대한 로열티(Loyalty)도 강화될 것이다.

네 번째, 의욕과 업무역량이 모두 부족한 '잉여형'이다.

팀장으로서 가장 피드백을 하기에 부담스럽지만, 팀 전체운영 관점에서 보면 포기할 수 없는 유형의 직원이다. 이런 유형의 직원들과의 피드백 시에는 감정이 아닌 사실에 기반한 피드백을 제공해야 한다. 이들에게는 피드백 이전에 업무를 부여하는 과정에서 업무의 추진 배경이나 수행 방법, 과업수행 기간 등을 명확히 제시하고 정기적으로 업무를 관리해주는 것이 중요하다.

피드백은 비판이 아니다. 피드백은 상호작용이다. 팀장은 팀원에게 본인의 기대사항을 솔직히 전달하고, 팀원의 마음을 터놓을 수 있는 분위기를 만들어줘야 한다. 무엇보다도 피드백 활동을 통해 팀원의 긍정적인 행동 변화를 이끌어내는 것이 중요하다. 그 행동의 변화가 팀의 업무성과를 높이고, 팀원 본인들의 역량 강화뿐 아니라 팀장 역시 진정한 리더로 거듭나게 하는 자양분이 될 것이다.

95학번이 95년생과
일하는 법

90년대생들이 회사에 속속 합류하고 있다. 세상은 이들을 Z세대라고 부른다. 회사에서 그나마 젊다고 하는 팀장들이 70년대 중후반에 태어난 X세대이다. 과연 X세대와 Z세대는 잘 소통할 수 있을까? 결론부터 얘기하면 서로 간의 소통은 쉽지 않다. 이 책의 전반부의 케이는 X세대로 95학번이다. 당시를 떠올려 보면 캠퍼스 여기저기에서 공중전화가 많이 있었다. 공강 시간이면 '삐삐'라는 단말기에 수신된 음성메시지를 듣기 위해 공중전화로 달려가기도 했고, 공중전화 근처에서만 발신이 되는 '시티폰'이라고 하는 발신 전용 이동전화가 유행이었다.

지금 신입사원으로 들어오는 후배 중에는 95년 이후에 태어난 직원들도 꽤 있다. 그들은 88서울올림픽은 교과서에서 접했으며, 2002년 월드컵은 유년 시절의 조각조각 기억으로 간직하고 있을 것이다. X세대 팀장들이 회사에 갓 입사하여 선배들과 함께 치킨을 먹고 맥주를 마시며 단체응원을 했던 것과 달리 말이다.

세대 간의 라이프스타일과 사고방식의 차이는 인정해야 한다. 현재 팀장을 맡은 95학번 역시 75학번과 어울리고 싶겠는가? 한창 바쁘게 사는 95학번이 60대 중반의 75학번 선배들에게 별다른 관심이나 있을까? 혹시 명절에 만나는 60대 중후반의 친척 어르신이 사회생활을 하는 당신에게 당신이 묻지도 않은 여러 조언을 해준다면, 당신은 귀 기울여 들었는지 자문해 보길 바란다. 혹시, 뭔가 얘기를 듣더라도 '어르신, 지금은 세상이 달라졌어요'라고 말하고 싶은 걸 꾹 참지 않았는지 말이다. 회사에서 팀장들이 만나는 신입사원들도 팀장들과 말을 섞을 때, 팀장들이 60~70대 인생의 선배와의 소통에서 느끼는 생각과 비슷한 생각을 하고 있을지도 모른다. 다만, 조직이라는 울타리 속에서의 한국식 위계 질서라는 문화가 그저 그들을 침묵하게 할 뿐이다.

그렇다고 마냥 Z세대 후배들과의 소통에 대해 손 놓고 있을 수만은 없는 노릇이다. 회사의 팀장과 팀원으로 만났기에 서로에 대한 이해를 높이고 서로가 기대하는 바를 추구하기 위해 함께 힘을 합쳐야 한다. 이 과정에서 당연히 팀장인 당신이 먼저 노력해야 한다.

Z세대의 뚜렷한 3가지 특징

① Z세대는 문자로 소통한다. 회사에서 바로 옆자리에 앉아 있어도 Z세대는 대면으로 얘기는 나누는 것보다 카카오톡 서비스를 활용하여 소통하는 것을 더 편안하게 생각한다.

② Z세대는 자신을 위해 산다. 어찌 보면 당당하게 자기 자신을 위해 살아가는 Z세대가 부러울지 모른다. 팀장 세대는 여러 모로 자기 자신보다는 다른 무언가를 위한 '희생'을 강요받은 적도 많이 있었으니까.

③ Z세대는 가벼운 인간관계를 선호한다. 그들은 각종 SNS를 통해 타인과 연결하여 본인의 일상과 고민을 털어놓지만, 깊은 인간관계 형성에는 소극적이다.

그렇다면 이런 특징을 가진 Z세대와 회사에서 공생하기 위한 팁을 알아보자.

첫째, 상호존중의 관계를 설정하라.

X세대 팀장이 본인의 신입사원 시절을 생각하면 억울한 생각이 들지도 모르겠다. 팀장이 신입사원 시절에는 '존중'은 고사하고 선배들로

부터 반말은 당연하고 욕이나 안 먹으면 좋겠다고 생각할 때가 많았다. 본전 생각은 잠시 잊고, Z세대 후배를 본인이 상사를 대하듯이 존중해 보자. 물론 계속 그럴 필요는 없다. 팀장이 Z세대 후배에게 존중하는 모습을 보이면, 현명한 Z세대 후배들은 마음의 벽을 열고 팀에 녹아들 것이다.

둘째, 간결하고 정확하게 소통하라.

Z세대는 인내심이 부족하다. 그들은 성장 과정에서 만든 셀 수 없는 줄임 말들을 이용했고, TV나 스마트폰으로 동영상을 볼 때는 '건너뛰기'와 X배속으로 콘텐츠를 소비해 왔으니 당연히 참을성이 없어질 법도 하다. 미국의 트렌드 분석가인 제프 프롬(Jeff Fromm)과 엔지 리드(Angie Read)가 Z세대를 분석하여 발간한 『최강소비권력 Z세대가 온다』에서 Z세대의 평균 집중 시간을 8초로 정의했다. 이런 세대에게 팀장의 장황한 일장 연설은 팀장 세대가 초등학교 시절 조회 시간에 접했던 교장 선생님의 현기증 나는 훈시와 다를 바가 없을지도 모른다. 가능하면 요점 중심으로 간결하게 소통하려는 노력이 필요하다. 물론 Z세대는 그 간결한 소통조차 비대면으로 하고 싶어 할 것임을 명심하면서.

셋째, 그들의 성장을 도와라.

기성세대와 비교하면 Z세대는 눈치를 안 보는 자유로운 영혼의 소유자들이 많다. 그 자유로움이 창의성이라는 이름으로 발현되기 위해서는 팀장이 업무의 틀을 명확히 제시해줘야 한다. 조직에서의 업무가 곧 본인의 역량향상이나 성과 창출과 연결된다는 확신을 하게 되면 Z세대는 그 어떤 선배들보다도 더 열정을 갖고 괄목할 만한 성과를 만들어 낼 높은 잠재성도 가지고 있음을 잊지 마라.

#

사람관리: 진정한
팀장으로 거듭나기

기분이
태도가 되지 말자

    회사에서의 인간관계 형성에서 태도만큼 중요한 것이 있을까? 미국의 유명한 매너 컨설턴트인 로잔 토머스(Rosanne Thomas)는 그녀의 저서 『태도의 품격(원제: Excuse me)』에서 비즈니스 세계에서 가장 중요한 것은 상대를 배려하고 존중하는 것에서부터 시작된다고 말했다. 또한 '현명한 상사의 부하직원을 대하는 정중한 태도야말로 유능한 인력을 끌어모으고 유지하는 원동력'이라고 정의했다.

    거꾸로 상사의 부적절한 태도는 함께 일하는 직원들에게는 괴로움 자체이다. 최근 국내 취업포털 리크루트와 알바콜이란 기업에서 직장인 이천여 명을 대상으로 이직 여부를 조사한 결과가 흥미롭다. 전체 답변자의 88%가 이직 경험을 가지고 있었는데 퇴직을 결심한 이유 중 첫 번째가 '대인관계 스트레스'라는 답변이었다. 그렇다면 대인관계의 스트레스는 어디에서 올까? 바로 직장 내에서 사람을 대하는 태도의 문제로부터 시작될 것이다. 본인의 태도와 상대방의 태도, 그리고 서로 기대하지 않았던 상대방의 태도에 실망하거나 상처를 입는다. 이런 태도에서 오는 갈등이 사람에 대한 스트레스로 고스란히 변한다.

회사생활을 하다 보면 공과 사의 구별 없이 본인의 기분에 따라 태도의 변화가 큰 사람들이 있다. 이런 유형의 사람을 직장 상사로 모시고 있는 직원은 마음고생이 심하다. 상사에게 업무 보고하고 업무 진행을 위해 승인을 받아야 하는 상황에서 보고 내용부터 점검하는 것이 아니라 상사의 기분부터 챙겨야 하는 상황이 생기는 것이다. 자연스레 상사의 기분이 안 좋으면 보고도 지연되고, 만약 보고를 제때 하더라도 충분한 소통이 이루어지지 못할 가능성도 크다. 결국은 기분이 업무에도 영향을 미친다.

회사에서 사람을 대하는 태도는 자신도 모르는 사이에 본인의 브랜드가 되고 평판이 된다. 특히 팀장 정도 되면 위아래에서 보는 눈이 많다. 팀장으로서 품격 있는 태도를 갖추기 위해 당연하면서도 간단한 팁을 세 가지만 정리해 본다.

첫째, 세련된 매너의 소유자가 되어라.

팀장이 되면 대외적으로 회사의 중간관리자로서 회사를 대표하여 자리에 참석하는 경우가 많아진다. 즉 상대방은 자신이 만나고 있는 당신을 통해 당신 회사에 대한 인식을 형성하게 된다. 또 회사 내부적으로는 한 팀을 대표하는 리더로서 팀원들이나 후배들의 롤모델이 될 수도 있다. 따라서 팀장은 팀장에 걸맞은 품격(品格, Dignity)을 갖추어야 한다. 세련된 용모와 복장은 물론 명함 교환이나 악수법 같은 인사 예절이나 본인이 미처 알아채지 못하는 잘못된 버릇 같은 것이 있는지 점검해야 한다. 또한 이메일 작성과 전화 예절, 목소리 톤, 그리고 사용하는 단어의 격을 높이려는 노력이 필요하다.

둘째, 긍정 바이러스 전파자가 되어라.

긍정심리학을 창시한 펜실베이니아대학교 심리학 교수인 마틴 셀리그만(Martin Seligman)은 그의 저서 『긍정심리학』에서 '긍정적 기분에서 창의적이고 융통성 있는 사고가 촉진된다'고 말했다. 부정적이고 경직된 사고로는 현상 유지는 가능할지 몰라도, 동료들과 함께하며 의미 있는 성과를 만들어 낼 가능성은 희박하다. 부정적인 생각은 쉽게 주변 팀원들에게 전파된다. 팀장이 긍정적인 사고를 하게 되면 팀원들도 긍정적인 생각을 하게 되어 각자의 과업에 몰입하는 분위기가 형성된다. 결국, 이 몰입이 조직의 목표달성에 다가가게 해준다. 팀원과의 소통 시에도 부정적 피드백보다는 긍정적 피드백을 강화하는 것이 팀원들의 동기부여와 팀의 충만한 사기(Morale)를 유지하는 데 도움이 될 것이다.

셋째, 기분파가 되지 마라.

기분은 어떤 일에 대해 생기는 마음의 상태이다. 즉 기분은 주관적인 감정이다. 이런 기분이 회사 업무에 영향을 주는 것은 바람직하지 않다. 본인의 나쁜 기분이 고스란히 본인의 태도에 반영되면, 이 부정적 태도가 타인의 기분을 나쁘게 할 수 있다. 아침부터 팀장이 심각한 얼굴로 앉아 있으면 팀원들은 팀장을 힐끗힐끗 쳐다보며 눈치만 살피게 된다. 사실 팀장이 되면 기분이 좋은 일보다는 기분 나쁜 상황, 걱정해야 하는 상황이 더 많아질 수밖에 없다. 그럴 때마다 팀장의 기분이나 감정을 고스란히 드러낸다면 착한 팀원들은 나름대로 팀장의 기분을 맞추려고 할 것이다. 안 그래도 바쁜 회사생활인데, 팀원들이 팀장 기분까지 맞추게 할 필요는 없지 않겠는가? 팀의 분위기는 팀장의 얼굴에서 시작된다는 것을 명심하자.

내 편을 만들고
적을 만들지 마라

회사에서 팀장 정도 수준에 오른 직장인들은 최소한 10년 많게는 20여 년의 회사생활 경력을 가지고 있는 사람들이다. 입사 동기 중 아직 회사에 남아 있는 동기들도 있지만, 먼저 회사를 떠나간 동기들도 여럿일 것이다. 실무자 수준에서 회사를 떠난 사람들은 아무래도 창업보다는 이직해서 옮긴 사례가 많다고 생각된다. 하지만 임원이란 포지션에서 회사를 떠난 사람들은 이직이나 재취업이 쉽지 않다. 어찌 됐든 그들은 지금 어디선가 회사에서 잠시나마 잘나가던 시절을 추억하며 외로운 시간을 보내고 있을 것이다.

현직에 있는 사람들은 하루하루 직장에서 버티느라 떠나간 사람들 챙길 여력이 없고, 떠나간 사람들은 괜한 오지랖인가 싶기도 해서 먼저 연락하기가 어색한 상황이 많다. 회사생활을 어떻게 했는지 여부에 따라, 외로움의 정도는 사람마다 다르다. 비록 회사에서 높은 지위까지는 못 갔더라도 인품이 훌륭하고 사람들의 마음을 잘 헤아려 준 선배들에게는 그들의 지혜를 배우고 고민을 상담하려는 후배들이 있기에 그 외로움이 덜 할 수 있다. 반면, 회사에서 소위 한자리했던 사람이라 할지라도 회사생활을 하는 동안 제멋대로 살았다면 그가 회사의 명함 없이 살아가는 순간부터 겪게 되는 외로움은 상상 이상일지도 모른다. 자리에서 벗어나는 순간 뻔질나게 연락을 주고, 도와 달라고 손 내밀던 사람들의 머릿속에서 본인의 존재가 지워지는 것이다. 평소 인간관계를 잘 관리해야 하는 이유이다.

사실 실무자 레벨까지는 회사 내부에 적이 생길 일이 별로 없다. 회사로부터 부여 받은 작은 권한을 남용하거나 커뮤니케이션 매너에 큰 문제가 없다면 말이다. 오히려 실무자 시절에는 팀장이나 임원, 회사의 뒷담화를 하며 대동단결(大同團結)할 기회가 많다. 또 업무적으로도 민감한 이해관계가 덜하므로 향후 직장생활을 위한 우호 세력을 많이 다져 놓을 수 있는 시기가 팀장보다는 바로 팀원 시절이다.

직장생활을 하면서 회사 밖의 사람들도 많이 만나지만 본인의 회사생활에 더 중요한 사람들은 내부구성원이다. 물론 영업직이나 홍보업무 담당자처럼 외부 인맥이 본인의 성과 창출에 상당한 비중을 차지하는 경우는 예외로 하고 말이다. 그렇다면 회사에서 만나는 사람들의 빈도와 그들에게 관심을 두는 비중은 어떻게 정리될 수 있을까? 회사와 부서 특성에 따라 다르겠지만 팀장과 팀원이 만나는 대상에 대한 접촉 빈도와 관심 비중을 생각해 보면 다음의 표와 같이 정리할 수 있다.

만나는 주체 / 만나는 대상	팀장		팀원	
	접촉 빈도	관심 비중	접촉 빈도	관심 비중
팀원	● ● ●	● ● ○	● ● ●	● ● ○
팀장	● ● ○	● ● ○	● ● ○	● ● ●
임원	● ● ○	● ● ●	● ○ ○	● ● ○
C 레벨*	● ○ ○	● ● ●	○ ○ ○	● ● ○

* C 레벨: CEO, CFO 등과 같은 기업의 최고경영진

부연 설명을 하면, 팀장은 팀원들과 만나는 빈도는 높지만 만나는 빈도에 비해 상대적으로 관심은 적게 둘 수밖에 없다. 본인과 팀이 살기 위해 팀을 대표하여 임원과 C레벨에게 보고되는 각종 보고나 윗사람들이 참여하는 미팅에 높은 관심을 두고 최선을 다해야 한다. 반면 팀원들은 다른 팀원들과 접촉 빈도는 높으나, 아무래도 관심은 인사평가권자인 팀장에게 가장 많이 쏠리는 것이 사실이다. 팀원들 역시 임원이나 C 레벨과의 만남은 본인에게 소중한 기회가 될 수도 있다. 하지만 팀원 입장에서는 이들과 지속적으로 만날 기회 자체가 적고 아무리 이들에게 어필한다고 해도 그들의 머릿속에 개별 실무자의 존재감을 각인시키는 일은 쉽지 않다.

회사생활을 하다 보면 십여 년간 동기지간으로 친하게 지내던 사이도 본인 부서의 KPI 달성이나 본인의 성과 창출을 위해 등을 돌리는 경우도 있고, 시간이 흐르며 본인 부서의 본질적인 업무보다 사내정치에

더 열심인 사람들도 있다. 모두 각자의 방식으로 생존하려고 노력하고 있다. 냉정히 얘기하면 각자가 회사생활을 통해 추구하는 목표달성에만 관심이 있을 뿐, 다른 사람에 대해서는 별다른 관심이 없는 것이 사실이다. 일단 내 일이 아니기 때문이다.

예를 들어, 3개의 부서가 있다고 가정해 보자. 매출을 책임지는 영업부서, 수익성을 책임지는 재무부서, 새로운 매출원을 발굴하는 신사업부서가 있다. 영업부서는 매출목표를 달성하기 위해 경쟁력 있는 신규상품이나 서비스를 만들어 달라고 신사업부서에 요청한다. 신사업부서는 경쟁력 있는 상품 개발을 위해 투자가 필요하다고 재무부서에 요청하고, 재무부서는 회사의 영업이익 관리 문제로 신상품 개발을 위한 투자비를 승인하지 않는다.

이런 업무 소통과정에서 여러 차례 회의를 하게 되고, 이 과정에서 부서 간의 갈등의 골이 깊어지는 경우가 많다. 때로는 부서 간의 갈등뿐

아니라 개인별로 '척(隻)'을 지는 상황이 종종 생기기도 한다. 회사생활에서 업무를 하면서 적을 만든다는 것만큼 안타까운 일은 없다. 그렇게 생긴 적들이 언젠가 내 앞길을 막아서는 걸림돌이 될 것이 분명하다. 그렇다면 회사생활에 있어 적을 만들지 않으려면 어떻게 해야 할까? 실천하기 쉬운 내용 중심으로 세 가지만 정리해 보겠다.

첫째, 일은 싫어하되, 사람은 미워하지 말자.

예수의 가르침 중에 '죄는 미워하되 사람은 미워하지 마라'(Hate the sin, not the sinner)는 말이 있다. 이 말의 본질은 용서일 것이고, 그 기반에는 죄와 사람을 분리해서 공정하게 판단해야 한다는 사상이 녹아 있다. 업무도 마찬가지다. 부서의 특성 또는 담당자의 업무분장 때문에 본의 아니게 싫은 소리만 해야 하는 부서도 있다. 또 각자 본인의 부서와 각자의 성과 창출을 위해 업무적으로 부딪쳐야 하는 상황은 분명히 발생한다. 최소한 일을 제대로 한다면 말이다. 하지만 때에 따라서는 업무를 업무로만 보지 못하고 업무를 그 사람 자체로 보고 감정 조절을 못 하는 사람을 간혹 볼 수 있다. 대개 그렇게 감정 조절을 못 하는 사람들이 본인의 의지와 상관없이 회사 여기저기에 적을 만드는 모습을 보인다.

둘째, 잠재적인 적을 분류하고 맞춤형 대응 방법을 준비하자.

팀장으로 업무를 하다 보면 예상하지 못했던 사람이 갑자기 적으로 돌변하는 상황은 사실 별로 없다. 적이 될 만한 사람들은 어느 정도 예측할 수 있다. 부서 간의 이해가 상충되거나 경쟁 관계에 놓여 있는 부서 또는 개인적 관계라면 개인별 성향 차이가 두드러진 경우다. 이런 관계에 놓여 있는 동료들을 굳이 '적'이라고까지 명명하기는 어렵겠으나, 최소한 본인의 상황이 변하기 전에는 이들과의 관계가 악화될 여지가 있는 것이 사실이다. 이런 경우 상대방 각각에 대해 어떻게 대응을 해야 하는지 예상되는 시나리오를 정리해 두고 합리적으로 대응한다면 그들이 진짜 적으로 변질할 가능성을 많이 낮출 수 있다.

셋째, 조직형 인간이 되자.

마음 아픈 얘기지만 회사원인 이상 어쩔 수 없다. 아부하는 동료, 여기저기 말을 전하는 사내정치가, 남의 성과를 가로채는 하이에나 같은 경쟁자들, 말로만 실컷 윗사람들에게 광을 팔고는 실제 업무에서 빠지는 미꾸라지 같은 사람들… 참 얄미운 사람들이 많다. 이들에게 입바른 소리 좀 해주고 싶은 욕망이 차오르는 순간도 많을 것이다. 하지만 그들이나 당신이나 모두 한 조직의 일원일 뿐이다. 굳이 쓴소리 하고, 본인의 정의감을 드러내며 적을 만들 필요는 없다. 회사생활을 하다 보면 누구나 '누군가 나서 줬으면 하는 상황'을 흔히 접하게 된다. 굳이 그 누군가가 당신이 될 필요는 없다. 당신이 최소 중간관리자인 팀장인 자신의 목소리를 드러내지 않을 수 있는 인내심을 키우길 바란다.

앞으로 당신의 회사생활에 있어 '적의 존재'는 전쟁터의 지뢰와 같다. 언제 어떻게 터질지 모른다. 미국의 사업가 워런 버핏(Warren Buffett)은 '평판을 쌓는 데는 20년 걸리지만 무너뜨리는 데는 5분이면 충분하다'고 했다. 회사 내의 적이 당신의 평판을 무너뜨릴 것이다.

인맥도
업데이트가 필요하다

생각해 보면 휴대전화가 나왔을 초기에는 휴대폰을 바꿀 때마다 휴대폰에 저장된 수백 개의 전화번호 옮기는 것이 큰일이었다. 몇 년 전부터는 주소록을 옮겨주는 애플리케이션이 나와서 전문가의 도움을 받지 않아도 연락처를 새 스마트폰으로 쉽게 옮길 수 있게 됐다. 과거 전화번호를 일일이 입력할 때에는 이 사람이 누구인지, 또 나와는 어떤 인연으로 만났고, 또 어떤 관계로 나아가고 싶은지를 생각해 볼 수 있었다. 그러는 사이에 자연스럽게 앞으로 연락하지 않을 것 같은 사람들은 주소록에 새롭게 입력하지 않으며 인맥을 정리했다. 연락처를 자동으로 옮길 수 있게 된 요즘은 과거보다 저장된 사람이 많이 늘어났다. 때로는 여러 명의 동명이인(同名異人) 가운데 누가 누군지 분간하기 어려운 경우도 종종 있다.

팀장 자리에 오를 만큼 회사생활을 했다면 휴대폰에 저장된 번호는 최소한 천 개는 넘을 것이다. 군대로 치면 거의 연대급 인원에 맞먹는다. 동명이인도 많고 언제 어떻게 만난 사람인지 기억이 가물가물한 사람들도 많다. 휴대폰 앞자리가 '010'으로 통합된 지 십 년이 넘었지만, 아직도 예전 번호로 저장된 사람들도 눈에 띌 것이다.

꼼꼼한 사람들은 휴대폰 번호를 저장하며 그 사람의 생일과 회사, 자녀 이름까지 정성스럽게 저장해 두기도 한다. 이들은 종종 안부 인사를 하나를 해도 이런 식으로 친근하게 한다. '팀장님, 첫째 OO가 벌써 고등학생이 되었겠네요? 그동안 잘 지내셨죠?' 또는 최근에는 인맥관리 앱이나 명함관리 앱을 활용하여 승진이나 인사이동까지 챙기기도 한다.

의미 없이 자리만 차지하고 있고, 평생 연락 한번 하지 않을 사람이라면 한 번쯤 연락처에서 지워주는 것도 필요하다. 따로 밥 한 끼 나눌 인연도 못 되는 사람들이 업무적인 관계에서조차 끊어진다면, 나중에 스팸 문자나 카카오톡으로 게임하트 요청 메시지나 받게 될 것이다. 애매한 경조사 문자라도 받는 날에는 가지도 않을 거면서 괜히 신경만 더 쓰인다. 정작 앞으로 만날 기회도 없고, 만나도 알아보지도 못할 사람들은 과감히 삭제하는 편이 낫다. 어쩌면 휴대폰 번호가 다 날아 가는 것이 더 홀가분할지도 모르겠다. 자리를 비워야 함께 가고 싶은 사람을 위한 자리를 마련해둘 수 있다.

이렇게 주소록을 업데이트할 때 중요한 마음가짐이 있다. 그것은 바로 '어설픈 100명보다 확실한 1명이 낫다'라는 기준이다. 식당 내부의 한쪽 벽면을 연예인들의 사인으로 도배한 식당들이 있다. "정말 맛있어요, 사장님 최고예요! 배우 OOO" 그런 사인들을 보면 다양한 호기심이 생긴다. '저 많은 연예인들이 모두 여기를 다녀갔는지, 사인을 직접 하기는 한 건지, 아니면 식당 사장님의 인맥을 통해 얻은 건지, 그들이 여기 왔었다면 밥값은 내고 먹었는지' 같은 여러 생각이 든다.

정말 식당이 잘되려면 벽에 걸린 많은 사인도 좋지만, 그 식당의 타깃 고객층이 좋아하는 연예인 1명이 자주 찾아 주는 편이 더 도움이 될 수 있다. '인기 배우 OOO가 이 식당에 자주 온대' 하는 것이 손님들의 마음을 얻는 데 훨씬 효과적이다.

회사생활도 마찬가지다. 어느 회사든 자신의 인맥을 과시하는 사람들이 꼭 있기 마련이다. 이들은 '내가 A 임원이랑 친하다. 이번에 본부장이 된 B 전무와 동문이다'라고 떠벌리고 다닌다. 하지만 이런 식으로 친분을 자랑하는 사람 치고 제대로 된 인맥을 가지고 있는 경우가 많지 않다.

오히려 본인은 가만히 있는데, 주위 사람들이 "팀장님, OO 기업의 K 사장님 어떻게 아시죠? 어제 모임에서 술 한잔하게 됐는데, K 사장님이 팀장님 말씀을 하시더군요. 좋아하는 후배라면서요" 하는 그림이 본인을 더욱 돋보이게 하는 모습인 것 같다. 회사생활을 하다 보면 업무적으로나 개인의 성장에 있어 여러 사람들의 도움이 필요한 것은 당연하다. 회사에서 만든 고가의 신제품을 어설프게 아는 지인 100명에게 찾아가서 그 사람의 시간을 뺏어가면서 설명할 수 있겠는가? 혹여 설명한다 하더라고 그 사람이 흔쾌히 구매하거나 심도 있게 검토해 줄 수 있겠는가?

　단 한 명이라도 지금 여러분이 처한 상황을 자기 일처럼 생각하고 도와줄 수 있는 사람을 만들어야 한다. 과거 회사원들에게 많은 공감을 샀던 드라마 〈미생〉에서 장백기가 양말과 팬티를 들고 친한 선배를 찾아갔을 때, 그 선배가 대답한 것처럼 세상은 너무도 냉정하기 때문이다. "술을 사주고 밥을 사줄 수는 있지만 이것은 사줄 수가 없어. 왜냐하면 이것은 내게 필요 없는 물건이기 때문이야."

팀장이 된 당신은 업무역량만으로 팀장 자리에 올라섰다고 생각하지 않을 것이다. 매일 새벽같이 회사라는 전쟁터로 출근해서 별을 보며 귀가한다. 회사에서 보낸 시간과 만난 사람들이 누적되어 오늘의 당신을 만들었다고 해도 과언이 아니다. 팀장 정도 되면 직장생활이라는 마라톤에서 전환점을 돌아선 지 오래일지도 모른다. 앞으로 새롭게 맺어갈 인연보다 그동안 만나 온 사람들이 훨씬 더 많다. 하지만 정말 중요한 인적 네트워킹의 시작은 지금부터다. 앞으로의 네트워킹이 당신에게 남은 직장생활에 중요한 열쇠가 될 것이다. 지금까지 만난 사람들이 현재의 당신을 만들었다면, 앞으로 만날 사람들이 당신을 더 높은 자리로 이끌 것이다. 팀장의 네트워킹에 대한 세 가지 팁에 대해 살펴보자.

첫째, 임원과의 네트워킹을 강화하라.

팀원 때까지만 해도 임원들과의 소통의 기회가 한정적이었다. 특별한 인연이 없다면 임원과 만나게 되더라도 1:1로 만날 일은 거의 없었다. 1:N의 자리에 참석하여 N 중에 한 명으로 만날 때가 대부분이다. 하지만 팀장이 되면 임원들과 접할 기회가 많아진다. 조직도상의 직속 임원들과는 1:1로 만날 일도 생기고, 최상위 임원들과 교류할 기회가 많이 생긴다. 이런 기회들은 업무적인 워크숍 자리가 될 수도, 사내 골프대회 같은 비업무적 행사 자리일 수도 있다.

중요한 것은 이런 자리에서 본인의 존재감을 나타내는 것이다. '내가 어떤 사람이고, 현재 어떤 업무를 담당하고 있다'라는 인식을 확실히 심어주자. 임원들은 이런 당신이 궁금할 수도 있고, 업무적으로 당신의 역할이 필요한 상황이 발생되면 부담 없이 당신에게 연락을 취할 것이다. 윗사람들에게 부담 없이 쓰임을 당하는 사람이 되어야 그들과의 네트워킹에 마중물이 될 수 있다. 부담이 없어야 자주 부르고, 또 그래야 서로 챙겨주는 사이로 발전할 수 있다.

둘째, 회사 내에 본인의 공감 집단을 만들어라.

미국의 저널리스트이자 베스트셀러 작가인 말콤 글래드웰(Malcolm Gladwell)은 그의 저서 『티핑포인트』에서 '누군가가 죽었을 때 자신을 진정으로 망연자실하게 만들 수 있는 사람의 수를 물어보면 대다수가 12명 정도'라고 대답했다고 한다. 한편 국내 HR 전문기업 인크루트에서 직장인 2,116명을 대상으로 설문 조사한 결과에 따르면 직장인들은 평균 57.2명의 인맥을 형성하고 있었으며, 이 가운데 10.9명만이 자신에게 어려운 일이 닥쳤을 때 발 벗고 도와줄 사람이라고 한다. 티핑포인트의 12명, 그리고 국내 조사 결과의 10.9명이 바로 공감 집단이다.

심리학에서 얘기하는 공감 집단은 서로의 감정을 공유하고, 끈끈한 관계를 맺고 있는 사람들로 구성된 집단이다. 시간적 한계 등으로 우리는 공감 집단의 구성원을 늘릴 수 없다. 회사 내 본인의 공감 집단에 대해 생각해 보자. 과연 당신이 잘되기를 진심으로 바라고, 당신의 성공을 위해 각자의 위험을 감수하면서까지 도와줄 수 있는 사람이 얼마나 될까? 어쩌면 당신이 스스로 회사 내 인맥이라고 생각했던 사람들의 대부분은 공감 집단이 아닌 '피상적 연결'에 지나지 않는 사람들일지도 모른다. 회사 인맥의 옥석을 가려보자. 과연 내가 회사에서 잘 될 수 있는 것을 진심으로 원하고 도와줄 사람이 몇 명이나 될 것인가.

셋째, 점심과 저녁 시간을 인적 네트워킹에 적절히 활용하라.

키이스 페라지(Keith Ferrazzi)와 탈 라즈(Tahl Raz)의 『혼자 밥먹지 마라』에서는 인간관계의 네트워크를 발전시키고 그 네트워크를 자신의 성공과 연계하는 다양한 노하우를 전하고 있다. 특히 성공을 위해서는 경쟁자가 아닌 협력자를 많이 만들어야 한다고 강조한다. 회사에 출근해서 단 한 번도 빼먹지 않는 것이 있다. 그것은 바로 점심이다. 최근 혼자서 밥을 먹는 혼밥이 어색하지 않은 시대가 되었다. 하지만 회사생활을 이어갈 당신이라면, 매일 먹는 점심시간을 네트워킹의 기회로 활용하라고 제안하고 싶다. 어쩌면 당신이 팀장보다 더 높은 자리를 목표로 한다면 점심시간만으로는 부족하다.

워라밸이 열풍인 이 시대에 저녁 시간까지 회사 사람들과 어울리라고 하는 것은 시대에 맞지 않는 발상이라고 생각한다면, 당신에게 더 이상의 승진은 없을지도 모른다. 누구나 저녁 모임을 하게 되면 집에서 당신을 기다리는 가족들에게 실망감을 주는 것은 물론 금전적, 체력적으로도 부담이 될 것이다. 임원들의 일정을 보면 점심, 저녁 할 것 없이 빽빽하다. 다양한 모임과 회식에 참여하며, 본인이 담당하는 조직을 관리하고, 새로운 정보를 끊임없이 확보한다. 기왕 회사에서 승부를 보기로 한 당신이라면 신세 한탄 하는 저녁 술자리 대신 회사생활에 도움이 되는 사람들과 저녁 시간을 많이 보내는 건 어떨까? 물론 선택은 본인의 몫이다.

유형별 문제직원 관리

　처음 팀장이 된 당신을 위해 준비된 베스트 팀은 존재하지 않는다. 오히려 정반대일 확률이 높다. 업무능력이 뛰어나고 태도가 좋은 팀원들은 불확실한 신임 팀장보다는 검증된 팀장 또는 본인을 더 키워 줄 것 같은 팀장을 찾아 떠날 확률이 높다. 검증되지 않은 신임 팀장과 함께 하는 건 일종의 모험이라 생각하는 것이다. 팀원들 입장에서는 팀장이 바뀌는 시기가 팀을 옮기거나 본인의 업무를 바꿀 좋은 기회이기도 하다. 그런 면에서 보면 신임 팀장이 가장 먼저 해야 할 일이 우수한 팀원들을 붙잡는 일일지도 모르겠다.

　새로운 팀장이 팀을 세팅하는 과정에서 옆 팀의 팀장들이 신임 팀장을 도와주리라 생각하는 건 순진한 생각이다. 어차피 경쟁이다. 어떤 팀장이든 내 팀의 구성원들은 업무 역량이 뛰어나고, 함께 일하고 싶은 팀원으로 채우길 원할 것이고, 본인과 같은 선상에서 함께 인사평가를 받는 경쟁팀장은 당신의 팀이 그렇지 못한 팀으로 세팅되기를 바랄 수 있다.

회사에서 팀장의 자리까지 꿰찼다는 건 업무역량이 어느 정도 검증된 사람이란 것을 의미한다. 신임 팀장들은 본인의 팀원 시절에 여러 팀장으로부터 함께 일하자는 제의를 많이 받아왔던 사람일 가능성이 높다. 함께 일하자는 제의만 받던 사람이 본인이 줄 수 있는 당근의 양도 정확히 모른 채 팀원들을 일단 붙잡으려 하다 보니 아무래도 기존 팀장들의 사내 스카우트 능력을 당해 낼 수가 없다.

이런 이유 등으로 신임 팀장은 본인이 기대하는 팀원들과 함께 할 수 있는 확률이 매우 낮다. 오히려 신임 팀장의 능력을 시험하는 듯한 유형의 팀원, 즉 다른 팀장들이 함께 일하기 싫어하거나 성과 창출에 도움이 안 되는 팀원들과 함께 확률이 높다. 이런 유형 중 대표적인 네 가지 유형에 직원들과 어떻게 관계를 맺으면서 살아가야 할지에 대해 알아보자.

밀레니얼 세대와 Z세대

국가별로 또는 기관별로 연령에 따른 세대 구분을 달리 보는 경우가 많다. 국내에서는 보통 밀레니얼 세대를 1981~1996년 출생자로 본다. 이 기준이라면 밀레니얼 세대 중 최고참은 이미 40대에 접어들었다. 물론 밀레니얼 세대 중 어린 층은 20대 중반이지만 말이다. 밀레니얼 세대를 뒤따르는 세대가 Z세대다. 이들은 1997년 이후 출생자로 Z세대가 사회구성원으로 참여하는 단계에 접어들었다. 통계청이 발표한 세대별 인구 분포자료에 따르면 전체 인구구성 가운데 밀레니얼 세대는 22%,

Z세대는 21.7%의 비중을 차지하여 베이비부머 13.8%와 X세대 17.7% 보다 훨씬 높은 비중을 자랑한다. 바야흐로 밀레니얼 세대와 Z세대가 경제 및 사회의 주축으로 급속히 자리를 잡아가고 있다.

사회생활 관점에서 보면 밀레니얼 세대와 Z세대는 회사 내의 워크호스(Work Horse)다. 실무자로서 한참 일을 열심히 하는 일꾼들이란 뜻이다. 따라서 팀장들이 이 세대의 직원들과 어떻게 관계 형성을 하고 어떻게 코칭, 협업하는지가 팀의 성패에 큰 영향을 준다. 그러기 위해서는 후배 세대를 제대로 이해해야 한다.

국내 HR 전문기업인 잡코리아가 밀레니얼 세대 직장인을 대상으로 설문 조사를 진행한 결과 '좋은 직장의 조건 Top 5'로 선정된 내용은 다음과 같다.

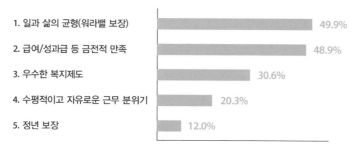

좋은 직장의 조건 Top 5

1. 일과 삶의 균형(워라밸 보장) 49.9%
2. 급여/성과급 등 금전적 만족 48.9%
3. 우수한 복지제도 30.6%
4. 수평적이고 자유로운 근무 분위기 20.3%
5. 정년 보장 12.0%

밀레니얼 세대 직장인들에게 최고의 직장은 워라밸이 좋은 직장으로 나타났다. 야근을 밥 먹듯 하던 임원들이나 꼰대 팀장들의 어린 시절 좋은 직장 기준과는 하늘과 땅 차이고, 나름 젊다고 주장하는 영포티(Young Forty) X세대 팀장들의 사회 초년생 시절 가졌던 마인드와도 다른 결과다. 그렇다면 이런 밀레니얼 세대 팀원에게 어떤 팀장이 되어야 할까? 소통의 관점에서 딱 세 가지만 명심하자.

첫째, 반말하지 않기

팀장이든 아니든 40대 이상 직장인들은 후배사원이 팀에 합류하면 호구조사부터 시작한다. 결혼 여부, 출신학교, 학번, 나이, 고향 등 말이다. 그러는 와중에 자연스럽게 밀레니얼 후배에게 허락도 득하지 않은 채 반말을 시작한다. 공채 선배랍시고, 학교 선배랍시고 말을 자연스레 놓는다. 회사는 군대가 아니다. 군대 시절 후임병에게 일방적으로 반말을 하고 업무를 지시하던 기억은 던져버리자. 충분히 시간을 갖고, 밀레니얼 세대 후배들을 코칭하고, 선배로서 뛰어난 업무 역량을 보여주고, 인간적인 유대관계를 차근차근 쌓아가면서 말을 놓아도 늦지 않다.

둘째, 충성을 기대하지 않기

밀레니얼 세대의 특성을 파헤쳐서 공전의 히트를 기록한 임홍택 저자의 『90년생이 온다』에서는 세대별 충성의 대상을 이렇게 설명한다. 70년대생은 '회사 그 자체'에 충성하고, 80년대생은 '자기 팀과 프로젝트', 90년대생은 '자기 자신과 자신의 미래'에 충성한다고.

팀장들은 본인의 정년까지 회사가 최대한 자신을 품어 주기를 기대하며 회사에 충성한다. 본인들이 회사에 그렇게 충성한다고 해서 밀레니얼 세대에게 회사나 팀 혹은 팀장에 대한 충성을 강요하면 안 된다. 젊은 세대라고 모두 무책임하고 조직에 대한 로열티가 없는 직장인이라고 생각하는 것 또한 문제다. 가치 판단기준이 다를 뿐이다. 팀장의 리더십으로 밀레니얼 세대 직원과 그의 미래를 회사생활과 결부시켜 주고, 동기부여 시켜주는지에 따라 그의 능력치가 달라질 것이다.

셋째, 참여 기회 주기

밀레니얼 세대나 Z세대에게는 일방적 지시가 아닌 업무에 참여할 기회를 제공해야 한다. 2019년 잡코리아와 알바몬이 함께 진행한 조사에 따르면 밀레니얼 세대의 장점과 단점에 대해 다음과 같은 결과를 얻었다고

	장점			단점	
1위	컴퓨터 능력	34.4%	1위	책임감	32.3%
2위	창의성	27.5%	2위	끈기	29.2%
3위	글로벌 능력	25.6%	3위	성실성	24.0%
4위	업무지식	19.5%	4위	소통능력	23.3%
5위	추진력	10.8%	5위	조직 충성심	18.8%

한다.

우리는 조사를 통해 젊은 세대들도 그들만의 장점을 많이 가지고 있는 것을 확인할 수 있다. 사무실 자리 한번만 옮겨도 스스로 프린터 설정도 못 하고, 외국인을 만나면 어딘가로 숨으려고 하는 기성세대에 비해 우수한 점들이 실제로 많다. 이런 밀레니얼 세대 직원들은 본인 스스로가 '왜 이 업무를 해야 하는지' 납득하고, 일방적 지시를 받는 것이 아니라 본인의 업무에 주도적으로 참여하게 될 때 본인의 역량을 십분 발휘하게 된다. 어설픈 본인 경험에 의지하며 업무 지시를 해 봤자, 그들과의 간극은 점점 더 멀어질 것이다.

본인보다 나이 많은 팀원

연공서열(Seniority System)의 시대, 즉 나이와 근속연수에 따라 직급이나 급여가 결정되는 시대가 지난 지 이미 오래다. 노조의 유무, 조직문화 등에 따라 회사별로 다르겠지만 국내 대기업의 평균 팀장 연령은 40대 중후반인데, 정부는 65세로의 정년연장을 본격적으로 검토한다고 한다. 임원이 되는 비율이 1%도 채 되지 않는 현실을 반영하면 앞으로는 50~60대 팀원들도 많이 늘어날지도 모른다. 이미 회사에서는 팀장과 팀원의 나이가 역전된 팀의 모습을 어렵지 않게 볼 수 있다.

대부분의 팀장들은 본인보다 나이가 한 살이라도 어린 직원들로 팀을 꾸리고 싶어 한다. 따라서 팀장으로서의 경쟁력이 부족한 신임 팀장들은 나이 많은 팀원들을 팀원으로 받게 될 가능성이 높다. 이런 현상에 대해 윗사람들이 좋게 포장해서 말한다면 '베테랑 고참의 경험과 패기 있는 신임 팀장이 열심히 해서 멋있는 그림 한번 만들어 보세요'라고 하겠지만, 현실은 기존 팀장들이 본인의 선배를 팀원으로 두고 싶지 않으므로 본인보다 선배인 팀원을 신임 팀장에게 배치되도록 작업했을 가능성도 농후하다.

하지만 이런 상황은 팀장뿐 아니라 나이 많은 팀원에게도 달갑지 않은 상황이다. 본인들 스스로는 젊은 후배들 못지않게 일할 수 있다고 생각하고 있는데, 오랜 시간 선후배로 함께 해 온 주변 팀장들이 본인과 함께 일하는 것을 원치 않는다는 것을 알게 되면 버려졌다는 마음에 실망감에 사로잡힌다. 이런 실망감들이 쌓이게 되면 충분히 일할 수 있는 베테랑 직원들의 업무 의욕은 떨어지게 되어 결국 스스로 업무에서 멀어지게 된다.

솔직히 고참 팀원들을 보면 각종 문서작성 스킬이나 정보검색 능력은 젊은 팀원들이 비해 부족할 건 사실이다. 또 후배들에 비해 가정 대소사다 뭐다 해서 자리를 비우는 일도 많다. 또 각종 변화에 대응하는 속도에서 젊은 직원들과 차이가 있을 수 있다. 사실 이들은 팀장보다 나이가 많아 봤자 고작 서너 살 차이 정도인 경우가 많다. 지금은 당신이 팀장일지 몰라도 보직을 잃게 되면 당신도 나이 많은 선배 팀원의 모습으로 곧 바뀔 수 있음을 명심해야 한다. 최근에는 일부러 팀장 보직을 맡지 않으려는 직원들도 많다. 회사에서 온갖 스트레스를 감내하고 치열한 경쟁 속에서 누군가에게 상처를 주며 임원이 되기보다는 맡은 바임무에 충실하되 자신의 삶을 즐기는 '욜로(You Only Live Once)'의 마인드로 사는 직장인도 많다.

영화 〈인턴(Intern)〉에서 열정으로 넘치는 젊은 여성 CEO인 줄스(앤 해서웨이)는 갑작스러운 회사의 성장에 많은 어려움을 겪는다. 그러다가 아내와 사별하고 오랜 직장생활 끝에 은퇴한 벤(로버트 드니로)을 인턴으로 맞이하게 된다. 벤은 줄스에게 인생 선배이자 비즈니스 멘토로서 경험과 지혜를 나누어 주며 CEO 줄스에게 큰 힘이 되어 준다. 특히 영화 속 이 대사는 많은 사람들에게 기억되고 있다. 마치 예전에 모 통신사의 광고 중에 '나이는 숫자에 불과하다'는 카피처럼 말이다.

'Experience never gets old. Experience never goes out of fashion.'
(경험은 나이 들지 않는다. 경험은 결코 시대에 뒤떨어지지 않는다.)

신임 팀장인 당신에게 고참 팀원은 위기이자 기회다. 또 선배직원은 당신의 멘토가 될 수도 있고 최악의 팀원이 될 수도 있다. 물론 신임 팀장인 당신 하기에 따라서 말이다. 고참 팀원과 함께 살아가기 위한 팁세 가지를 살펴보자.

첫째, 합리적인 관계 설정은 필수다.

처음에는 서로의 호칭부터 신경이 쓰인다. 팀장 입장에서는 나이 많은 팀원이 기존에 팀장직을 경험한 사람이라면 '팀장님'이라고 불러야 할지, 또는 '부장님' 또는 '차장님'하고 직급을 불러야 할지 애매하다. 나이 많은 팀원 입장에서는 신임 팀장을 팀장이 아닌 팀원 시절부터 알고 지낸 사이라면 '님'자를 붙여야 할지 말아야 할지 고민된다. 아무래도 최소한 업무시간에는 상호 존칭을 사용하는 것이 바람직하다. 호칭 정리부터 시작해서 업무목표 설정, 근태관리 등에 대한 서로의 공감대를 확인하는 것이 중요하다. 이 과정에서 서로에게 바라는 점이 있다면 가감 없이 이야기해야 Win-Win 관계의 기틀을 만들 수 있다.

예를 들어, 나이 많은 팀원이 퇴직을 앞두고 개인적으로 배우고 싶은 분야가 있어서 팀장의 사전 승인이 필요할 수도 있고, 팀장으로서도 고참 팀원이 팀 내에서 안 해줬으면 하는 행동들이 있을 수도 있으니까.

둘째, 서로에게 양보할 수 있는 카드를 공유하자.

신임 팀장, 그리고 팀장보다 나이 많은 팀원. 회사생활을 이 정도 한 사람들이라면 어떻게 하면 공생(共生)하고 상생(相生)할 수 있을지에 대한 감이 있을 것이다. 이들의 관계에서는 서로에게 기대하는 것에 앞서 무엇을 양보할지를 먼저 고민해야 한다. 예를 들면, 나이 많은 고참 팀원 입장에서는 인사평가에 대해 욕심을 내지 않아도 될 상황일 수 있다. 어차피 본인 스스로 임원 되기가 어렵다고 생각한다면 말이다.

부장까지 승진한 사람이라면 본인 평가에 욕심을 내기보다는 앞날이 창창한 후배들에게 양보할 수 있는 여유가 있을 수 있다. 또 신임 팀장 입장에서는 팀장 재량으로 승인해줄 수 있는 각종 복무나 근태의 자율성을 보장해줄 수 있고, 고참 팀원이 보고서 작성에 부담을 느끼면 보고서 작성 부담을 덜어줄 수도 있다. 각자 상대방을 위해 양보할 수 있는 카드를 만들고 이를 서로 이야기하며 서로를 배려하는 시간을 가지도록 해보자.

셋째, 나이 많은 선배팀원을 마음으로 품어라.

팀장에게 가장 중요한 것은 One Team이 되는 것이다. 나이 많은 팀원 입장에서도 팀장과 팀원의 나이 역전 상황은 부담스럽다. 본인 스스로는 조직생활의 낙오자가 된 기분이 들 수도 있을 것이고, 동료 팀원들도 고참 팀원 대하기가 많이 부담스러울지도 모른다. 결국 어린 팀장이 다른 팀원들에게 모범을 보여줘야 한다. 정중히 나이 많은 팀원을 베테랑 선배로서 예우하고 선배와 함께 팀을 이끌어 보겠다는 의지를 보여주는 것이 중요하다. 이런 팀장의 태도가 선배 팀원이 겉돌지 않고 팀의 일원이 되어 솔선수범하며 행복하게 직장생활을 이어 가게 해주는 계기가 될 것이다.

승진포기자

회사원에게 승진은 '조직에서의 인정', '급여인상', 책임과 권한의 확대', '리더로의 성장' 등의 다양한 의미를 가진다. 반면 회사와 팀장들에게 승진은 직원들을 움직이는 최고의 동기부여 수단이다. 매년 하는 인사평가라는 것도 결국은 직급 한 단계 승진을 위해 필요한 재료에 불과

할지도 모른다. 최근 들어 승진 욕구가 없는 직원들이 점점 많아지는 추세이다. 혹자들은 이런 회사원들을 '승진포기자'라고 부른다. 팀장 입장에서는 열정이 식어 버린 직원, 동기부여가 불가능한 승진포기자만큼 관리가 어려운 직원들이 있을까?

신임 팀장 당신의 팀에 승진을 포기한 직원이 있다면 승진을 포기한 원인부터 살펴야 한다. 사실 기업의 승진이란 것이 능력도 중요하지만, 회사 내에서의 인간관계나 운(運)이 많이 작용하다 보니 그 공정성 여부에 대해서 불만을 지닌 구성원도 많다. 또는 회사생활을 하지 않더라도 전혀 금전적인 어려움이 없어, 회사를 놀러 다니듯 다니는 사람도 더러 있다. 때에 따라서는 가늘고 길게 낮은 직급의 직장생활을 유지하며 스트레스 덜 받으며 살고 싶은 사람도 있다.

회사는 회사 나름대로 인사 적체로 시달리다 보니 과거와 같이 승진 인원을 넉넉히 내려 줄 수 있는 상황이 못 된다. 사원, 대리급 직원들이 볼 때는 부장, 차장들이 좋은 시대에 태어나서 취직도 편하게 하고, 능력에 비해 승진도 빨리 됐다는 부러운 생각과 함께 '저 정도의 선배님도 모두 차장, 부장인데'라는 상실감도 가지고 있을 수 있다. 또는 저렇게 능력이 없어도 예전에는 다 승진하고 했는데, 본인들은 왜 이리 승진하기가 어렵냐고 신세를 한탄할 수도 있다.

승진을 포기한 직원들 역시 그들 나름대로 애환이 있다. 팀의 목표를 위해 모든 팀원들이 열심히 달려갈 때, 본인만 배제되었다는 생각도 들 수 있고, 아무리 승진에 욕심이 없더라도 까마득한 후배들로부터 '일 못하는 '월급루팡(직장에서 하는 일 없이 월급만 타가는 직원을 비유하는 신조어)' 취급받는 것도 자존심 상한다. 그렇다고 과거와 같은 열정을 가지고 업무에 몰입하고 싶은 생각도 없으면서 말이다.

팀장이나 회사의 입장에서는 승진포기자를 방관하면 조직문화가 악화될 수 있음을 명심해야 한다. 물론 공무원 조직이나 공기업, 또는 노조가 강한 대기업의 경우에는 승진을 포기하더라도 오랫동안 조직에 남아 있을 가능성이 높다. 반면, 외국계 기업이나 개인별 업무분장이 명확한 스타트업 같이 고용안정성이 다소 낮은 회사에서는 승진포기자로 살아가는 것 자체가 불가능할지도 모르겠다. 군대에서도 계급정년이 존재해서 오랫동안 동일한 계급으로 있으면 강제로 제대를 해야 한다. 만약 당신의 회사가 사규나 각종 HR시스템을 통하여 승진포기 직원을 컨트롤할 수 없는 구조라면 팀장들은 승진을 포기한 직원과의 관계설정을 조기에 완료하고 일년 농사를 함께 지어야 할 것이다. 이런 맥락에서 승진포기 직원을 다루는 팁을 세 가지만 제시한다.

첫째, 과거가 아닌 앞으로의 계획에 대해 토론하라.

승진포기자는 주로 차장, 부장직급에서 많이 나타난다. 이 직급의 직원들은 회사 내부시스템도 어느 정도 이해하고, 본인이 이 회사에서 승부를 볼 수 있는 인적 네트워크나 역량을 가졌는지 여부를 스스로 깨우치는 시점이기도 하다. 이런 팀원들은 신임 팀장이 오면 대개 '승진시켜 달라고 하거나 인사평가 잘 달라고 안 할 테니 귀찮게만 하지 말라'

고 생각한다. 팀장 입장에서는 이런 고참급 팀원을 방치할 수 없다. 다른 팀원들에게나 팀 목표 달성에 걸림돌이 되기 때문이다. 비록 승진을 포기했다고 하더라도 그들의 인생까지 포기한 것은 아니다.

그러므로 회사 업무만으로 다가가기보다는 그들의 앞으로의 인생에 대해 진지하게 함께 고민하는 시간을 가져라. 해당 팀원의 인생의 고민거리를 함께 나누고 앞으로의 인생계획을 설계하다 보면 회사에 다니는 지금의 시간이 그 팀원에게 매우 중요한 시간이란 것을 깨닫게 해준다.

둘째, 중간이라도 하게 만들어 보자.

모든 팀원이 A급 팀원일 수는 없다. 하지만 모두 A급 팀원이면 또 그 나름대로 고충도 생기기 나름이다. 팀장은 항상 본인의 팀원들에게 최고의 인사고과를 만들어 주고 최대한 많은 승진자를 배출하고자 노력해야 한다. 문제는 대개의 인사평가나 승진시스템은 상대성 이론이 작용한다는 점이다. 즉, 모두 잘 챙겨 줄 수 없다. 그런 이유로 팀에 승진 포기자가 있다는 것은 인사평가 측면에서는 나쁜 일만은 아니다. 문제는 승진포기 직원이 모든 것을 내려놓고 손 하나 까딱 안 하는 상황까지는 만들면 안 된다. 승진포기자라도 중간은 하게 만들어야 한다.

중간을 하게 만드는 방법은 부드러운 대화만으로는 어렵다. 가령, '인사평가를 연속으로 몇 번 최하위 등급을 받으면 해고 사유가 된다.' 같은 인사 규정이나 업무에 태만한 직원에 대한 감사사례 같은 것을 적절히 채찍으로 활용할 수도 있겠다. 무엇보다 중요한 것은 승진을 포기하고 업무를 내려놓은 해당 직원에게 다시 팀원들과 함께 일하는 즐거움과 열정을 찾아 주는 일이다.

셋째, 플랜 B도 준비해야 한다.

승진포기자에 대한 플랜 B는 무엇일까? 그것은 바로 선수교체, 즉 직원교체 카드이다. 첫 번째와 두 번째의 노력을 기울였음에도 승진을 포기한 직원이 기대만큼 변화하지 않으면 팀장으로서는 어쩔 수 없다. 딱 1년하고 팀장을 그만한다고 하면 모르겠으나 최소한 본인 그 팀에서 팀을 리딩하며 최고의 성과를 창출하기 위해서는 팀 빌딩을 잘 하는 것이 무엇보다 중요하다. 그러기 위해서는 해당 승진포기자를 좋게 보내 주는 스킬과 배려가 필요하다. 하지만 승진포기자를 다른 팀으로 보내는 것은 매우 조심해야 한다. 이미 조직생활에서 상처를 많이 받은 그들이므로 인간적 교감 없이 사무적으로 대하고, 또 전략적 선택으로 그들을 떠나보낸다면 그들은 회사 내에서 당신의 적이 될 수 있다. 가까운 미래에 그 적이 당신의 발목을 잡는 날이 올 수 있기 때문이다.

소위 승진포기자들은 생각한다. 그들이야말로 회사를 위해 열심히 해왔다고. 다만 사람들 인간관계나 아부를 조금 못한 것뿐이라고. 하지만 현실은 이미 저만큼 앞서가는 동기들이 있고, 본인보다 한참 후배를 팀장으로 모시고 일하는 처지가 되었다. 중요한 것은 '승진을 못한 것은 그들만의 책임이 아니다. 그들을 승진포기자로 만든 것은 그들만의 선택이 아니라 조직이 그렇게 만들었다'라는 생각을 가지고 승진포기자를 대하는 것이 좋겠다. 또한 팀장인 당신이 지금 팀장 자리에 있는 것은 당신이 승진을 포기한 직원보다 잘나거나 역량이 뛰어나서가 아니란 점을 명심하고 그들을 소중한 동료로 대하려고 노력해야 한다.

이성 팀원

과거 이동통신사 광고 중에 '공대생 아름이' 시리즈가 있었다. 40대 이후 직장인들은 기억하고 있을 것이다. '아름'이란 여학생이 MT를 안 간다고 하니, 공대생들이 크게 실망한다. 하지만 결국 아름이도 함께 MT를 가게 되는데 옆방에 여대생들이 왔다는 소리에 남학생들이 모두 옆방으로 나가는 광고였다.

대학교에 남학생이 많은 학과와 여학생이 많은 학과가 있듯이 기업들 역시 업종에 따라, 또는 부서별 특성에 따라 남성과 여성 직원의 비율에 큰 차이를 보인다. 대표적인 업종으로 보면 초등학교 교사나 패션계 종사자는 여성의 비율이 훨씬 높고, 부서로 보면 부드러운 소통 기술을 필요로 하는 인재육성부서나 꼼꼼함이 필요한 재무부서에는 상대적으로 여성 직원의 비율이 높다. 반면에 제조업이나 영업 중심의 조직에는 여전히 남성의 비율이 높다.

사회 전체적으로 여성의 사회참여가 확대되고 맞벌이 부부가 늘면서 여성의 가정에서의 위상은 물론 사회적 위상이 날로 높아지고 있다. 또한 회사에서는 업종이나 부서의 특성에 따라 다소간의 차이가 있겠지만, 업무 과정에서 남녀 이성 간의 커뮤니케이션이 매우 증가했다.

성공하는 팀장이 되기 위해 반드시 확보해야 하는 역량 중 하나가 바로 이성 팀원과 함께 일하며 트러블 없이 성과를 창출하는 스킬이다. 남성 중심의 조직문화가 지배하던 과거에는 남성리더가 여성 직원을 리딩하는 데에 있어서 조심해야 할 내용을 언급하는 책들이 많았다. 하지만 현재에는 대부분의 가정의 소비의 결정 주체가 여성이고 대학진학, 국가고시, 신입사원 채원 등에서 남녀 비율의 차이가 미미해지고 있다. 결혼하지 않는 비혼족이 늘어나고 결혼을 했더라도 아이 없는 부부도 많이 눈에 띈다. 또 아이가 있더라도 남성이 육아하는 가정도 생겨나고 있다. 그만큼 회사 내에 여성 팀원, 그리고 여성 리더가 늘어나고 있다.

이번에는 남성 팀장-여성 팀원, 그리고 여성 팀장-남성 팀원의 조합에서 각 팀장이 조심해야 할 팁에 대해 각 세 가지씩 다루고자 한다.

남성 팀장 & 여성 팀원

첫째, 여성 팀원을 이해하자.

아무리 여성이 사회생활을 하기 수월해졌다고 해도 여전히 남성보다 업무 외적으로 챙겨야 하는 가정사가 많다. 또 여성 팀원 보기를 본인의 배우자나 동생, 후배로 생각하고 대해 보자. 여성 팀원과 업무적 소통에만 일관하기보다 여성 팀원의 세심한 감정까지 고려해 가며 다양한 소재에 대해 소통하고 공감하는 자리를 많이 마련하는 것이 중요하다.

둘째, 회식과 흡연을 조심하자.

팀장이 술을 좋아하고 담배까지 피운다면 여성 팀원들은 소외되는 기분을 갖기 쉽다. 남성 직원들은 팀장과 밤늦게까지 술자리도 함께하고 근무시간에도 수시로 흡연하러 들락거리며 이런 저런 얘기를 나누게 된다. 문제는 술자리와 흡연 자리에서 나눈 대화가 사무실까지 이어지면 그 자리에 함께 있지 않았던 직원들은 뭔가 배제되는 느낌을 받을 수 있고, 이런 문제들이 쌓이게 되면 갈등의 소재가 될 수도 있음을 명심해야 한다.

셋째, 용모를 단정히 하자.

동성 직원들끼리만 근무하는 경우라면 아무래도 복장이나 외모에 크게 신경을 쓰지 않아도 되겠지만, 팀에 여성 팀원들이 있다면 남성 팀장은 용모에 조금 더 신경을 쓰는 게 좋겠다. 값비싼 양복과 명품을 사라는 얘기가 아니다. 찌든 담배 냄새, 이해하기 힘든 복장으로 여성 직원들의 뒷담화의 재료는 되지 말아야겠다. 조금만 패션 센스에 신경을 써 준다면 팀장과 팀원 관계도 훨씬 부드러워질 수 있을지도 모르겠다.

여성 팀장 & 남성 팀원
첫째, 남성 팀원을 이해하자.

조직의 리더로서 남성과 여성의 다름을 빨리 이해하고 그 다름으로 인한 갈등을 최소화해야 한다. 예를 들어, 서열문화에 익숙한 남성 직원들은 신임 여성 팀장을 팀장으로 인정하지 않을 수도 있고, 여성보다 상대적으로 본인의 감정을 드러내지 않아 무슨 생각을 하고 있는지 도통 알 수 없는 경우도 있다. 남성 팀원을 단순히 팀원으로만 보기보다는 본인의 배우자나 남자 형제로 보고 진심으로 이해해 보려는 노력을 선행해 보길 바란다.

둘째, 업무는 업무이고 감정은 감정이다.

일을 하다 보면 항상 좋을 수만은 없다. 업무적인 피드백 과정에서 팀원에게 싫은 소리를 할 수도 있고, 그 반대로 팀원이 팀장의 감정을 건드릴 수도 있다. 업무 과정에서 서로의 감정이 상하게 될 경우, 여성이 남성보다 마음에 담아 두는 경우가 더 많다. 이럴 경우 본인은 화가 아직 가라앉지 않았는데, 아무렇지 않다는 듯한 남성 팀원에 화가 날 수도 있지만 그럴 필요가 없다.

셋째, 남자는 목적형이고 여자는 관계형이다.

여성 직원은 동료직원들과 좋은 관계를 형성하고자 커피를 마시러 가고, 밥을 함께 먹으며 시간을 함께 보낸다. 이 과정에서 서로의 이야기를 들어주며 상대에 대한 이해를 확보한다. 반면 남성 직원은 본인들의 목적을 달성하고자 식사를 함께하고 회식을 갖는다. 그 목적이 회사의 목적일 수도 있고 승진과 같은 개인의 목적일 수도 있겠으나, 아무튼 여성 직원에 비해서는 좋은 관계를 만들려는 노력의 과정은 훨씬 덜 할 수 있으므로 업무와 관련성이 떨어지는 티 타임 등에는 관심이 떨어진다. 이성과 협업하는 것을 어려워하는 사람은 절대 조직에서 살아남을 수 없다는 것을 명심하자.

성과관리: 성공하는
팀장이 되고 싶다면

우리 팀부터
애자일하게

4차 산업혁명이란 말조차 구시대의 언어로 느껴질 만큼, 2020년대의 사업환경은 매우 빠르게 변하고 있다. 그 방향성 또한 쉽사리 예측하기 어렵다. 또한 전 세계를 강타한 코로나19 팬데믹(Pandemic)은 비대면(Untact)문화를 촉발하며 삶의 패턴까지 바꾸고 있다. 사람들은 코로나19로 집 밖에 나오지 않게 되었고, 마케팅 강의에서 자주 등장하던 '나이키의 경쟁 상대가 닌텐도'라는 사실에 이제는 아무도 이의를 제기할 수 없게 됐다. 전염병으로 인해 나이키 신발을 신지 않고 집안에서 닌텐도 게임을 즐기니 경쟁 관계가 성립하는 것이다.

과거에는 전혀 경쟁자로 인식하지 않았던 기업들이 어느 순간에 경쟁자가 되어 있고, 영원할 것 같았던 주력사업들도 변화와 혁신 없이는 언제 종말이 맞이할지 모르는 긴장되는 환경에 놓여있다. 이런 환경변화 속에서 기업들은 변화에 기민하게 대응할 수 있는 조직으로 탈바꿈

하기 위해 발버둥 치고 있다.

그 중심에 서 있는 것이 애자일(Agile)경영이다. 민첩하고 기민하다는 뜻의 애자일은 1990년대 미국 소프트웨어업계에서 등장한 프로젝트를 관리하는 방식에 대한 개념이다. 애자일은 당시 기업들이 주로 사용하던 '워터폴(waterfall) 방식'과 대립하는 업무 방식이다. 즉 워터폴 방식은 마치 폭포수가 떨어지듯이 '요구사항분석 → 설계 → 디자인 → 코딩 → 개발'을 순차적으로 꼼꼼하게 진행하는 방식이다. 반면 애자일 방식은 빈틈없는 계획 수립과 정교한 사업관리 같이 철저한 계획과 절차에 의존하는 것이 아니라, 고객 니즈와 시장환경 변화에 기민하고 민첩하게 대응하는 것을 그 핵심으로 한다.

프로젝트 관리의 두 가지 방법

구분	워터폴 방식	애자일 방식
모델	프로젝트 시작　　　　프로젝트 종료 요구사항 설계 실행 검증 유지보수	프로젝트 시작　　　　프로젝트 종료 스프린트 1　스프린트 2　스프린트 3 요구사항　요구사항　요구사항 설계　설계　설계 실행　실행　실행 검증　검증　검증 유지보수　유지보수　유지보수

내용	• 요구사항 → 설계 → 실행 → 검증 → 유지보수가 순차적으로 진행 • 개념적 단계에서 산출 단계까지 방해 없이 순차적으로 진행되는 선형적 방식	• 요구사항 → 설계 → 실행 → 검증 → 유지가 하나의 스프린트로 신속하게 최소한의 산출물을 만들어내고 이러한 스프린트를 반복하면서 수정 • 유연하게 팀을 기반으로 하는 반복적인 린 방식
장점	• 이해하기 쉽고 실행하기 간단한 개발 모델 • 사전에 요구사항이 명확할 경우 높은 품질의 산출물 전달 가능 • 개발 중 변화 사항이 없을 경우 특히 적합	• 변화 사항에 적응적이고 조정 가능 • 신속성이 고객의 니즈 충족에 중요할 경우 효과적 • 고객의 지속적인 의견을 반영할 수 있음 • 요구사항이 프로세스상에서 변화할 수 있음
단점	• 개발 프로세스 도중 변화가 어렵고 고비용 소요 • 산출물 테스트는 프로젝트 완료 시에만 가능 • 최초 요구사항이 명확히 정의되지 않으면 실패 가능성이 높음	• 프로젝트 산출물에 대한 예측 어려움 • 프로젝트 관리자가 많은 부담을 받을 수 있음 • 추가나 변경 작업이 증가할 수 있음

(출처: 애자일컴퍼니, 정재상)

이미 미국의 세계 최대의 커머스기업 아마존(Amazon)이나 신발 쇼핑몰 자포스(Zappos), 일본의 글로벌 패션브랜드 유니클로(Uniqlo)와 같은 해외기업들뿐만 아니라 국내 기업들도 최근 애자일 경영기법을 발 빠르게 도입하고 있다. 만약, 당신의 회사가 여전히 관료적인 경영방식을 유지하고 있다면, 일개 팀장인 당신의 의지만으로 회사 전체를 애자일 조직으로 바꾸지는 못하겠지만, 최소한 본인 팀의 업무방식은 애자일하게 바꾸려고 노력해보면 어떨까? 물론 애자일 기법의 관리기법이 만병통치약은 아니겠지만 빠른 시장의 변화를 고려한다면 충분히 시도해볼 만하다. 그렇다면 어떻게 성공적으로 애자일한 팀으로 당신의

첫째, 다른 어떤 것보다도 '고객가치'를 최우선으로 삼아라.

고객은 기업이 존재하는 이유다. 혹시 고객이 아닌 회사 내부의 C-level 임원의 인정을 최우선으로 삼고 있지 않은지 스스로 의심해 봐야 한다. 제대로 된 회사, 더 나은 미래를 고민하는 회사라면 고객 중심적(Customer-centric) 사고를 해야 한다. 고객을 기업 존재의 목표로 삼지 않고, 매출을 위한 수단으로 인식한다면 기업은 변화하는 고객의 니즈를 충족시켜 주고자 하는 의지가 약해진다. 당신과 당신의 팀이 주춤하는 사이 발 빠른 스타트업이나 경쟁사는 완전하지 않은 상품이나 서비스일지라도 고객이 원하는 바를 해결해주고 새로운 가치를 전달하기 위해 한발 먼저 고객에게 다가설 것이다. 이러는 와중에 당신의 고객은 민첩하게 움직이는 경쟁사로 하나둘 떠나간다.

둘째, 결과 중심으로 판단하라.

관료적인 회사에서는 내부적으로 고려할 요인이 너무 많다. 서로 이해가 상충하는 부서 간의 지리멸렬한 협의 과정, 해도 해도 끝날 줄 모르는 각종 리스크 검토 등 정작 일은 시작도 못 하고 수많은 검토와 회의에서 빠져나오지 못하는 기업들이 너무 많다. 당신들이 얼마나 세심한 검토를 하는지 고객들은 관심 없다. 어떤 형태의 산출물이든 간에 기업이 고객에게 무언가를 제시하면 고객은 얼마든지 피드백을 제공해줄 준비가 돼 있다.

고객과 더 빨리 소통하고 더 나은 서비스를 제공하기 위해서는 우선 고객에게 전달한 산출물을 만들어 내는 것이 중요하다. 팀을 리딩하는 과정에서도 검토만 하다 마는 팀원보다는 좋은 결과든 나쁜 결과든 뭐든 만들어 내는 팀원을 존중해야 한다. 과정의 중요성을 간과하면 안 되겠지만 적어도 과정에 매몰되어 아무것도 만들지 못하는 것보다 부족한 결과라도 뭐든 만드는 것이 훨씬 낫다.

셋째, 팀원의 열정을 자극하라.

팀장의 역할은 팀원들의 업무수행을 통해 팀 공동의 성과를 만들어 내는 것이다. 물론 팀장 본인이 대부분의 업무수행에 있어 개별 팀원보다 뛰어날 가능성을 배제할 수 없다. 그렇다고 팀장이 모든 업무를 주도하려고 한다면 팀원들은 점점 수동적으로 되고 업무 몰입도도 떨어

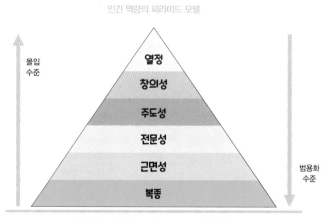

(출처: Pyramid of Human Capabilityes, 게리 하멜)

지게 된다. 애자일한 조직이 되기 위해서는 무엇보다도 직원들의 자발성을 끌어 올리는 것이 중요하다. 세계적인 경영혁신의 대가 게리하멜(Gary Hamel) 교수는 '열정은 기업의 최고의 자산이요 수단이다. 직원의 열정을 어떻게 이끌어낼 것인가가 경영의 핵심과제이다'라고 강조했다. 그는 인간의 역량에 대해 그림과 같이 여섯 가지로 구성된 역량 피라미드 모델을 제시했다. 피라미드 하단에 있는 전문성, 근면성이나 복종은 언제든 필요하면 얻을 수 있는 범용화된 역량으로 구분했다.

기업이 경쟁 우위를 확보하기 위해서는 피라미드 상단의 자리 잡고 있는 주도성, 창의성, 열정을 가진 인재를 확보하는 것이 중요하다. 팀장은 팀원들이 업무에 몰입하고, 스스로 열정을 끌어낼 수 있도록 팀원 개개인의 특성에 맞는 동기부여와 업무환경을 제공하기 위해 끊임없이 고민해야 한다.

최근 인기리에 방영한 〈스토브리그〉라는 드라마에서 스토브리그 (Stove League)는 프로야구 정규시즌 종료 후 각 구단이 팀 전략을 강화하기 위해 동계훈련을 하고, 선수영입 및 연봉협상을 하며, 다음 시즌을 준비하는 기간을 말한다. 연봉협상과 선수 트레이드를 난롯가에 둘러앉아서 했다는 데서 스토브리그라는 명칭이 생겼다고 한다. 이 드라마는 개성 넘치는 백 단장이라고 하는 리더가 드림즈라는 만년 꼴찌팀을 리그 우승을 목표로 팀을 완성해 가는 여정을 다룬 드라마이다. 드라마 속 백 단장이 드림즈 야구단 선수들에게 한 말이 회사에서 듣는 잔소리와 크게 다르지 않아 뼈를 때린다.

"돈이 없어서 졌다.

과외를 받을 수 없어서 대학을 못 갔다.

백 단장은 팀이 이길 수 있는 환경을 만들기 위해서 고군분투한다. 드라마 속의 백 단장은 시즌이 시작되기 직전에 팀을 떠나지만 스토브리그 단계에서 팀을 이길 수 있는 환경을 갖추어 놓은 덕분에 그의 팀은 창단 수십 년 만에 첫 우승을 맛보게 되는 대반전을 이루어낸다.

대부분의 기업들은 연말 연초에 조직개편과 인사발령을 단행한다. 소위 상위부서라고 불리는 팀부터 지역본부에 있는 팀들까지 세팅이 진행되는 사이에 팀장들의 스토브리그가 시작된다. 아니 어쩌면 발 빠른 팀장들은 조직개편과 발령문서가 뜨기 한참 전인 초가을부터 이미 그들만의 스토브리그를 시작할지도 모른다. 프로야구 팀이 그러하듯 회사의 팀 역시 스토브리그 기간에 얼마나 성과를 내는 구조, 성과를 만들 수 있는 환경을 구축하느냐가 팀과 팀장, 그리고 팀원의 일 년 농사를 좌우한다. 최고의 시나리오는 본격적인 시즌이 시작되기 전에 완벽하게 이기는 환경으로 팀을 세팅하는 것이다. 이기는 팀의 환경으로 만들기 위한 팁으로 다음의 세 가지 방법을 제안한다.

첫째, 최고의 구성원으로 팀을 세팅하라.

사실 역량 있고 좋은 사람들로만 팀을 구성하는 일은 신임 팀장에게 정말 어려운 과업이다. 최고의 팀원을 구하는 것은 고사하고 문제를 일으킬 만한 사람만 피하고자 하는 마음일 수도 있다. 심리학에는 '사회적 비교편향(Social comparison bias)'이라고 일컫는 개념이 있다. 이 개념은 사람들이 리쿠르팅 과정에서 자신보다 뛰어난 사람을 배제해 자신의 존재가치를 드러내고자 하는 심리가 있다는 것을 설명하는 용어이다. 어쩌면 팀장은 본인보다 뛰어난 팀원보다는 자신보다 역량이 다소 낮은 직원들과 함께하고 싶은 심리가 마음속에 자리 잡고 있을지도 모른다.

실제로 주변 팀들을 잘 살펴보면 몇몇 팀장은 본인보다 더 뛰어난 팀원에게 질투하거나 본인보다 잘나 보이는 팀원을 내보내고 싶어 하는 팀장들이 존재한다. 이는 프로답지 못한 생각이다. 선후배를 막론하고 역량이 뛰어나고 팀 성과 창출에 기여할 수 있는 인재라면 삼고초려를 불사하고 영입해야 한다. 또는 이런 팀원이 팀에서 이탈하고자 하면 적극적으로 회유해야 한다. 팀장과 팀원은 엄연히 그 역할이 다르다. 팀장은 업무를 리딩하고, 실제 업무는 팀원이 완결성을 가지고 처리하는 것이 좋다. 물론, 이런 인재들이 팀에 많이 모이게 되면 그들에게 나누어 줄 당근이 부족하여 부담되는 것도 사실이다. 하지만 그런 부담 때문에 훌륭한 인재확보에 소극적으로 나서는 팀장은 어리석은 사람이다. 오히려 우수한 팀원들과 함께 유례없는 성과를 창출한다면 당근에 대한 고민은 한 방에 해결될 수도 있기 때문이다.

둘째, 확보 가능한 재원을 최대한 확보한다.

조직에서 돈은 곧 힘이다. 국회의원과 지방자치단체장이 지역 주민에게 발송하는 의정 보고서에서 빠지지 않고 등장하는 것이 바로 예산 확보이다. 예산이 있어야 사업도 할 수 있고 사람의 마음도 살 수 있다. 예산은 항상 부족하다. 지난 십여 년 간의 회사생활 가운데 단 한 번도 팀의 업무목표 달성을 위한 충분한 예산이 지급된 적은 없는 듯하다. 회사의 예산을 편성하는 업무는 주로 기획이나 재무부서에서 담당한다. 이들 부서의 특징은 예산이라는 무기를 가지고 사람과 조직을 컨트롤하고자 한다.

예산 수립의 기초자료는 전년도 실적이나 해당연도의 경영 시뮬레이션을 통해 작성하게 되는데, 나름의 시장분석과 데이터들로 예산 수립의 논리를 만들고 전년도 예산 배분을 기준으로 배분하는 것이 그들 부서의 업무이다. 반면, 우리 팀에 어느 수준의 예산이 필요하다는 논리를 만들고 유관부서를 설득하는 것은 팀장의 몫이다. 어떤 논리로 예산이 책정되었든 간에 팀장은 자신만의 논리를 가지고 본인의 팀이 확보할 수 있는 최대한의 예산을 확보해야 한다. 이기적으로 들릴지 몰라도 현실 회사생활에서는 조직이 세팅되는 과정에서 예산을 확보하는 것이 연중에 추가로 예산을 확보하는 것에 비해 몇 배는 수월하다는 것을 명심해야 한다.

셋째, 몰입할 수 있는 환경을 조기에 구축해라.

회사생활은 농사와 비슷하다. 논농사에 비유하자면 농업환경과 농부의 노력 여하에 따라 1모작을 할 수도 있고, 2모작, 3모작을 할 수도 있다. 또는 노지에 씨앗을 뿌려 잡초와 씨름하며 농사를 지을 수도 있고, 스마트팜을 만들어서 각종 IT기술을 활용하여 노동력 투입을 최소화하면서 밤낮없이 작물을 생산할 수도 있다. 같은 면적의 땅에서 농사를 짓더라도 어떻게 농사를 짓는지에 따라 면적당 산출량은 큰 차이를 보이게 되는 것이다.

팀 역시 마찬가지다. 대학에서 배운 생산의 3요소가 토지, 노동, 자본이었다면 회사에서의 성과 창출의 3요소는 시간, 사람, 예산이라고 봐도 무방하다. 각 팀에는 1년이라는 동일한 시간이 있고, 그 팀의 성과 창출을 위해 노동력을 제공하는 팀원과 업무추진에 필요한 예산이 있다. 팀 성과 창출의 관건은 팀원들이 성과를 만들어 내는 업무에 조기에 착수하고, 불필요하거나 소모적인 잡무를 최소화하여 성과 창출이 가능한 업무에 집중할 수 있도록 업무환경을 빨리 만들어 주는 것이 중요하다.

인생은 마라톤일지 몰라도, 팀장들의 회사생활은 매년 백 미터 달리기일지 모른다. 그것도 누군가는 출발을 알리는 총성이 울리기도 전에 몇십 미터 앞에서 먼저 달리기 시작한다. 먼저 출발하고 가속도까지 붙는다면 결승점을 가장 먼저 통과하는 팀은 먼저 달리기 시작한 팀이 되는 것이다. 빨리 몰입하는 환경을 만드는 데에는 팀장과 팀원이 함께 모여 팀의 원칙을 담은 그라운드 룰을 정하고 실행하는 것도 도움이 될 것이다. 그라운드 룰이 효과적으로 작동되기 위해서는 팀의 미션과 특성을 반영하되, 명확하고 구체적인 내용으로 작성하여 오해의 소지가 없도록 하고 예외 없이 적용하는 것이 중요하다.

앞서 이기는 환경조성의 중요성에 대해 이야기했다. 그렇다면 과연 회사생활에서 '이기는' 것은 무엇일까? 아마도 개개인에 따라 다르고 또 특정 시기에 따라 다를 것이다. 승진을 앞둔 사람이라면 승진하는 것이 그해의 회사생활에서 이기는 일일 것이고, 동료들 몰래 이직을 꿈꿔 온 사람이라면 몸값을 높여 일하고 싶은 회사로 옮기는 것이 이기는 일일지도 모르겠다. 그렇다면 신임 팀장에게 이기는 것이란 무엇일까? 그건 아마 팀장을 맡은 첫해에 팀을 별다른 문제 없이 운영하고 그 와중에 어느 정도의 업무성과까지 만들어 낸다면 그 해는 신임 팀장에게 이기는 한 해가 될 것이다.

성과를 내려면 어떻게 해야 할까? 회사에서의 일 년을 바다 위에서의 일 년 간의 항해라고 생각해 보자. 항해에 필요한 것은 항로를 확인할 수 있는 지도와 배의 동력이 되어주는 연료, 그리고 선원 등이 있겠

241

지만, 중요한 건 어떤 어려운 상황에서도 길을 잃게 하지 않게 해주는 '북극성'의 존재이다. 회사가 정한 북극성을 기준으로 목표를 잡으면 개별 팀들은 목표를 향해 각자의 나침반으로 계속 위치를 파악해가며 앞으로 나가간다.

회사의 팀이 동네 모임과 다른 점은 '공동의 목표'를 가지고 있다는 점이다. 목표가 없으면 팀도 없다. 즉 목표달성이 곧 팀의 존재 이유다. 어떤 경영자가 목표 없이 움직이는 조직에게 돈을 쓰겠는가? 대개의 조직은 목표달성 수준을 기준으로 조직을 평가한다. 따라서 목표 수립은 굉장히 예민한 작업이다. 조직별 형평성도 고려해야 하고, 시장경쟁상황도 살펴야 하고, 임직원의 사기도 고려해야 한다. 일반적인 기업들은 소위 경영기획팀이라고 불리는 팀에서 연간 사업계획을 수립하면서 전사 및 개별 사업부서의 목표를 설정한다. 이 목표는 일사불란하게 전파되어 회사 구성원의 머릿속에 저장되고, 업무용 수첩에도 눈에 잘 띄는 자리에 자리 잡게 된다. 목표는 탑다운(Top-down) 방식으로 내려온다. 팀장은 회사로부터 부여받은 팀의 미션과 목표를 기반으로 본인의 팀이 어떻게 목표를 달성하고 조직에서 어떤 역할을 할 것인지에 대해 진지하게 고민해야 한다. 팀의 목표를 관리하는 방법도 시대에 따라 진화하고 있다.

첫째, 고전적인 방법으로는 현대 경영학의 창시자라고 불리는 피터 드러커(Peter Ferdinand Drucker)가 1950년대에 제시한 MBO 방식이다.

MBO 방식이란 목표에 따라 조직을 관리(Management By Object)하는 방식으로 20세기 기업들의 목표 관리에 가장 널리 이용되었다. MBO의 기본 철학은 조직의 목표와 개인의 목표를 명확하게 설정하고 직원 개개인이 자신을 통제(Self-control)하면서 성과를 창출한다는 것으로, '목표설정 – 실행 – 피드백'의 과정으로 구성된다. MBO에서 가장 중요한 것이 목표설정이다. 실행과 피드백의 시작점이기 때문이다.

둘째, MBO에 이어 등장한 SMART 기법은 MBO 방식에서 목표설정을 강조한 기법으로 오늘날에도 많이 활용되는 목표관리 방식이다.

미국의 조지 도란(George. T. Doran) 교수는 1981년 경영리뷰(Management Review)라는 학술지를 통해 알파벳 앞 자를 활용하여 팀 목표 관리에 많이 활용될 수 있는 SMART 기법을 소개했다. 이미 꽤 알려진 방식이라 익숙하겠지만 SMART 기법에 대해 간략히 소개하면, 목표 수립 시 구체적(Specific)이고, 측정 가능(Measurable)하고, 달성 가능(Attainable)하고, 관련(Relevant) 있고, 기한(Time Bound)이 있어야 한다는 것을 강조한다. SMART 기법은 팀장들이 팀원 목표 수립 면담에서 애용하는 목표관리 툴이기도 하다.

셋째, 성과관리 기법은 현재 구글, 링크드인 등 세계적인 기업들이 많이 도입하고 있는 OKR 기법이다.

OKR은 'Objectives and Key Results'의 약자로 미국 반도체 기업 인텔의 전 CEO 앤디 그로브(Andy Grove)가 만든 성과관리 기법이다. 최근에는 구글의 성과관리 방법으로 세계적인 주목을 받고 있다. OKR 방식은 기존의 목표 수립 방식이 중앙집권적이고 경직된 관리의 한계로 빠른 환경변화에 대응하지 못하는 문제를 해결하기 위해 등장했다. OKR과 기존 성과관리 방식의 가장 큰 차이점 두 개는 다음과 같다. 첫째, 연도 중간이라 할지라도 얼마든지 상황에 따라 유연하게 목표조정이 가능하다는 것과 둘째, OKR 결과를 개인적인 보상과 연계하지 않는다는 것이다. 이 밖에도 관리자와 직원 간의 활발한 의사소통을 나누며 구체적인 계획수립과 핵심지표 실행 관리에 대해 정기적으로 점검을 함께하며 목표를 향해 나가는 것을 특징으로 한다.

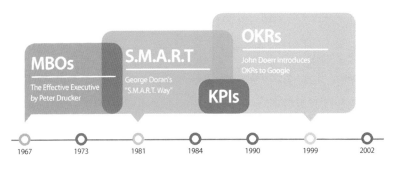

출처: http://www.betterworks.com

한 가지 확실한 건 어떤 사상과 철학에 기반을 두던 간에 조직의 목표는 꼭 필요하다는 것이다. 목표가 탑다운 방식으로 하달되기도 하지만 한 팀의 리더인 당신 역시 조직으로부터 부여받은 목표를 기반으로 자신만의 방식으로 목표를 설정하는 것도 의미 있을 것이다. 일본의 조직혁신 전문 컨설턴트 아사노 고지(麻野 耕司)는 그의 저서 『더 팀(The Team)』에서 제시하는 세 가지 목표설정의 유형도 눈 여겨볼 만하다.

첫째, 행동 중심의 목표설정이다. 이는 팀 구성원이 업무를 실행하는 과정에서의 '행동방향'을 제시한다.

둘째, 성과 중심의 목표설정이다. 이는 팀이 이루어 내야 할 '구체적인 성과'를 제시한다.

셋째, 의미 중심의 목표설정이다. 이는 팀이 궁극적으로 '실현하고 싶은 상태'를 제시한다.

이 세 가지 목표설정 방법에 대해 가상의 영어학습 앱을 개발하는 부서 입장에서 정리해 보면 다음과 같다.

구분	장점	구체성	창의성
행동목표 '중고등학생을 대상으로 매월 5만 건의 다운로드를 달성한다.'	구성원이 목표달성을 위해 해야 할 행동에 대해 명확이 이해함	높음	낮음
성과목표 '100만 다운로드를 달성한다.'	(행동목표와 의미목표의 중간)	보통	보통
의미목표 '영어사교육비 부담을 완화한다.'	창의적인 목표달성 방법을 찾을 가능성이 있음	낮음	높음

　　회사별 기업문화가 다르듯이 각각의 팀들도 팀이 추구하는 목표와 분위기가 다르다. 팀장은 구성원의 역량과 팀의 특성을 고려하여 팀의 목표 달성에 가장 유리한 형태의 목표달성 방법을 활용해야 하며, 구성원의 동기부여와 실행력을 높여서 성공하는 팀을 만들어야겠다.

작은 성공을
이어가라

진부한 얘기로 들리겠지만 회사에서 함께 생활하는 동료들의 초등학생 시절 장래 희망은 무엇이었을까? 기성세대들의 장래 희망은 대통령, 선생님, 의사, 경찰, 군인 같이 부모님이 좋아할 만한 직업 일색이었다. 요즘 초등학생들의 장래 희망은 유튜버, 크리에이터, 아이돌, 야구선수 등으로 본인들이 좋아하는 활동이 직업으로 삼고자 하는 시대가 됐다.

가장 부러움을 사는 사람은 자신이 좋아하는 일을 직업으로 만든, 즉 '덕업일치'를 이룬 사람들이다. 안타깝게도 우리가 일하고 있는 회사에서 이런 사람은 그다지 많지 않다. 아무래도 좋아하려면 재미있어야 하는데 재미있는 일은 많이 존재하지 않으니까. 미래사회가 어떻게 펼쳐질지 몰라도 어린 시절 장래 희망이 회사원이 아니었던 기성세대들이 매일매일 회사로 출근하듯 지금의 초등학생 상당수는 우리와 비슷한 모습이 되어 있을지도 모른다. 물론 회사원으로 살아가는 것이 나쁘

247

다는 것은 절대 아니다. 세상에는 평범한 회사원의 삶을 부러워하는 사람들도 많으니까.

중요한 건 뭐가 되었든 본인이 원하는 삶을 살아가는 것이다. 만약 꿈을 실현하는 데 필요한 것들을 목록으로 만들고, 이를 각각의 액션 플랜으로 구체화한 다음 단계적으로 하나씩 달성해 나간다면 본인이 원했던 사람으로 성장할 확률이 높아지지 않을까? 피겨스케이팅의 여왕이라 불리는 김연아 선수도 초보 시절이 있었다. 그녀는 새벽같이 일어나 스케이팅의 기본기를 닦고 수백 수천 번의 연습을 통해 트리플 악셀과 같은 고급기술을 연마하고 실전경험을 쌓았을 것이다. 연습 가능한 아이스링크를 찾아 새벽부터 밤까지 이어지는 고된 훈련 속에서도 단계적으로 하나씩 그녀만의 액션플랜을 실행하며 최고의 자리를 향해 나아갔다.

『천 개의 성공을 만든 작은 행동의 힘』의 저자인 존 크럼볼츠(John Krumbolts)와 라이언 바비노(Ryan Babineaux)는 '크게 생각하고 작게 행동하라'고 강조했다. 즉, 거창한 성공을 쫓기보다는 현실적으로 당장 시작할 수 있는 작은 행동을 하라고 권한다. 그런 작은 행동이 작은 성공을 낳고, 그 작은 성공이 쌓이면 당신의 인생을 변화시킬 수 있다.

직원들의 눈에는 회사가 너무 큰 성공만을 추구한다고 보일 수 있다. 어쩌면 개개인들의 마음속으로는 '어차피 달성 못 할 목표니까 적당히 해도 괜찮을 거야. 목표는 목표일 뿐이지'라고 생각하고 있을지도 모른다. 안타깝지만 목표는 목표일 뿐이라는 생각을 품고 사는 회사원이 적지 않다고 본다. 이런 생각으로는 회사생활에서 무엇도 이루어낼 수가 없다. 당연히 이들은 목표달성 시 따라오는 회사의 성과인정과 보상의 단맛을 경험하지 못한 채 소극적이고 의지박약한 직장생활을 하게 된다.

'천 리 길도 한 걸음부터'라고 했다. 업무도 사람 관계도 개인 일상 생활 모두 사소함의 연속이다. 이러한 사소함에 의미를 부여하고 자신이 할 수 있는 수준의 작은 행동으로 매일매일 성취해 간다면 한 달이 지나고 일 년이 지나면 한참 성장한 자신을 볼 수 있을 것이다.

작은 행동을 통한 작은 성공을 이어가기 위해서는 작은 행동과 성공에 대한 보상을 마련하는 것도 유용하다. 당신이 꼭 이루고 싶은 목표가 있다고 생각해 보자. 이를 실현하기 위해서는 자신만의 액션플랜을 준비해야 한다. 액션 하나하나마다 세부적인 체크리스트가 생기고, 당신의 일상은 체크리스트를 실행 또는 점검하는 활동으로 채워질 것이다. 비록 체크리스트를 채워가는 각각의 활동은 작은 행동이겠지만, 여러분은 그 작은 행동들을 통해 성취감을 느낄 수 있다. 또 여기에 보상까지 더해진다면 또 다른 작은 성공을 위한 에너지를 얻을 수 있다.

실행력 있는 작은 행동을 이어가기 위한 4가지 원칙

① 성취하기 쉬워야 한다.
② 돈이 많이 들지 않아야 한다.

③ 행동이 구체적이어야 한다.

④ 바로 실행할 수 있어야 한다.

예를 들어, '몸무게 3kg을 줄이겠다'는 목표 달성을 위해 다음과 같은 작은 행동을 조합하여 행동 규칙을 만들면 실행에 도움이 된다. '이번 달에는 다이어트를 위해 매일 물 2리터를 마시고 퇴근 시에는 지하철역 1개 역 먼저 내려 집까지 걸어오겠다'라고.

앞서 언급한 대로 작은 행동에 성공하면 성공한 자신에게 보상을 해줘라. 가능한 물리적으로 증거(Physical Evidence)가 될 수 있는 보상이 적합하다.

'이번 달에 다이어트 계획을 잘 실천했으니, 내가 평소 갖고 싶어 했던 운동화를 나에게 사주겠어'라고 말이다. 새 운동화를 신으면 또 다른 작은 성공에 도전하고 싶어질 것이다.

초보 팀장이 흔히 저지르는
인사평가 오류

　　회사원에게 일 년 농사의 결실은 인사평가 결과이다. 그 인사평가의 결과로 성과급을 포함한 급여가 결정되고, 누적된 인사평가 결과는 승진을 결정하는 중요한 자료로 활용된다. 생각의 폭을 넓혀 보면 인사평가 결과는 회사원 개인뿐 아니라 그들의 가족의 인생에게도 영향을 미친다. 예를 들어, 인사평가 결과에 따라 승진하고, 승진 이후 지방 발령이 난다면 가족들과 함께 이사를 가는 경우도 생길 수도 있다. 그야말로 인사평가의 나비효과가 대단한 만큼 신중하고 합리적으로 진행되어야 한다.

　　인사평가란 조직구성원의 능력, 태도, 성과에 대한 평가로서 대개 사전에 설정된 목표나 기준에 따라 체계적으로 진행되는 정기적인 기업활동이다. 작게 생각하면 인사평가는 회사의 직원 관리의 수단의 하나일 수 있겠으나, 조직 전체로 보면 회사의 생산성과 효율성을 극대화하기 위한 전략적 활동이다. 특히 경영에서 차지하는 인적 자원의 중요성이 커지면서 기업들의 인사평가에 대한 관심은 날로 높아지고 있다. 바로 그 인사평가의 정점에 팀장이 있다.

최근 국내 취업포털 사이트 잡코리아에서 직장인 702명을 대상으로 인사평가와 관련된 설문 조사를 진행한 결과 직장인 네 명 중 한 명은 전년도 인사평가 결과에 만족하지 못한다고 나타났다. 또 재직 중인 회사의 인사평가 제도에 대해서는 전체 조사대상 중 36.2%가 '평가제도가 불합리하다'고 답했다. 대한상공회의소의 조사에서는 더욱 충격적인 사실이 드러났다. 무려 직장인의 75.1%가 본인이 재직 중인 회사의 인사평가제도를 신뢰하지 않는다고 답했다. 솔직히 이러한 사실은 굳이 설문을 통하지 않고서도 팀장 정도의 직장 경험이 있는 사람이라면 직감적으로 알 수 있는 내용이라고 생각된다. 회사에서 승승장구하는 몇몇은 인사평가를 신뢰하고 결과에 만족하겠지만 그 이외에는 어떤 형태로든 불만을 가지는 것이 당연하다.

기업들 역시 인사평가의 신뢰도를 보완하기 위해 다양한 평가제도를 운영한다. 성과평가, 역량평가, 다면평가(360도 평가) 등을 운영하는데 대체로 상대평가 방식을 따르는 곳이 많다. 하지만 인사평가의 신뢰도는 평가제도 자체도 영향을 미치지만 가장 큰 영향을 미치는 것은 평가자(팀장)에 대한 피평가자(팀원)의 인식일 것이다. 팀원 본인이 팀장을 신뢰할 수 없으면 그로부터 받은 인사평가 결과 자체를 인정하지 않을 가능성이 높다.

따라서 팀장은 일년간 팀을 리딩하는 과정에서 개인의 업무목표 달성과 역량향상과 같은 평가요소와 관련된 부분에 대해 서로 간의 공감대를 형성하고 서로에 대한 충분한 이해를 확보해야 한다. 그런 노력이 있어야 본인의 인사평가에 대해 팀원들이 수긍하게 된다.

팀장도 사람인 만큼 평가과정에서 오류를 범할 수 있다. 특히 본인이 어느 정도 인지하고 있음에도 오류를 범하는 경우가 있다. 인지가 가능함에도 실수할 수 있는 대표적인 오류 세 가지는 다음과 같다.

첫째, 관대화 오류(Leniency Error)이다.

말 그대로 팀장이 평가과정에서 팀원의 성과나 능력을 실제보다 관대하게 평가하는 데서 오는 오류이다. 만약 평가가 상대평가 또는 고과별 강제배분 형태가 아니라면 관대하게 봐주는 것은 전혀 문제될 게 없다. 오히려 특정인이 피해보지 않는다면 관대하게 주는 편이 서로 간의 관계 형성에 더 도움이 될지 모른다. 안타깝게도 대부분의 기업은 상대평가를 채택하고 있는 만큼 누군가를 관대하게 봐주면 누군가는 인색하게 봐야 하는 상황에 놓이게 된다. 팀장 입장에서는 굳이 계속 얼굴 보며 지낼 부하직원에게 냉정하고 객관적인 평가를 하기보다는 관대하게 봐주고 싶은 유혹에 빠지기 쉽다. 하지만 팀장이라면 이러한 관대화 오류로 누군가가 피눈물을 흘릴지도 모른다는 사실을 명심해야 한다.

둘째, 연공 오류(Seniority Error)이다.

인사평가 과정에서 피평가자의 연공적 속성, 즉 나이나 직급연차,

근속연수 등이 평가에 영향을 미치는 현상이다. 예를 들어 한 팀에 대리가 두 명이 있을 경우를 보자. 한 명은 대리 2년 차고 다른 한 명은 대리 4년 차일 때, 개인별 업무목표 달성이나 개인별 역량으로 정도 평가하는 것이 아니라, 둘 중에 선배인 4년 차 대리에게 후한 점수를 줘야 한다고 생각하는 오류이다. 일부 팀원들 중에도 본인이 팀 내 평가 경쟁자보다 높은 연공적 속성을 가졌다고 생각할 경우 업무성과 결과와 별개로 연공적 평가오류를 노리며 은근히 팀장을 압박하는 직원들도 있으므로 조심해야겠다.

셋째, 평균화 오류(Averaging Error)이다.

평가자 입장에서 냉정하게 팀원들을 보면 잘하는 팀원들은 항상 잘한다. 반면 역량이 부족한 직원들이 하루 아침에 우수사원으로 거듭나기는 쉽지 않다. 하지만 여러 팀원들을 평가할 때 아무리 걸출한 팀원이라도 몇 년간 최우수 고과를 주기는 쉽지 않다. 반면 성과가 부족한 팀원이라도 연속으로 부진한 고과를 주기가 부담스럽다. 평균화 오류는 이런 부담을 갖고 있는 팀장이 다년간에 걸쳐 좋은 고과를 나누어 주는 경향을 말한다. 또는 팀장이 세 명의 팀원에게 줄 수 있는 평가가 A/B/C일 때 누군가에게 C를 주는 부담 때문에 모두에게 B를 주고 싶을 때 발생하는 오류이기도 하다. 이런 식으로 편차없이 평가를 진행하면 평가제도의 취지를 무색하게 만들 수 있다.

그렇다면 팀장 본인도 인지하는 못하는 사이에 범할 수 있는 인사평가 오류에는 어떤 것이 있을까? 팀장 본인이 인지하지 못하는 오류라는 것은 거꾸로 얘기하면 팀원들이 그 오류를 역으로 이용하여 본인의 인사고과를 챙기는 꼼수로 이용될 수도 있다는 말이다. 평가자가 인지 못하는 대표적인 평가오류 세 가지는 다음과 같다.

첫째, 후광효과(Halo Effect)이다.

특정 팀원의 장점이나 단점이 평가지표와 상관없이 평가에 영향을 주는 것이 바로 후광효과에 의한 평가 오류이다. 만약, 영어를 잘하지 못하는 것을 핸디캡으로 안고 살아가는 팀장이 팀원을 평가할 때 완벽한 영어를 구사하는 해외 유명대학 출신의 직원에게 높은 고과를 주고 싶은 마음이 생긴다면 후광효과를 의심해 볼 필요가 있다. 팀장들 역시 내가 갖지 못한 것을 가지고 있는 사람들은 커 보이기 마련이기 때문이다.

둘째, 시간적 오류(Recency Error)이다.

평가자가 인사평가를 할 때 기억하기 쉬운 최근의 성과나 업무 결과를 중심으로 평가하는 경향을 말한다. 대개의 회사는 일 년에 한 번 또는 상하반기에 나누어 두 번 인사평가를 한다. 물론 수시로 또는 분기나 월 단위로 평가를 하는 회사도 있겠지만 대개 그렇다는 말이다. 상하반기로 나눠서 평가하는 회사라고 하더라도 하반기 평가를 더 중요하게 인식할 가능성이 높다. 하반기 평가 결과가 그 해의 종합적인 평가나 승진에 미치는 영향이 훨씬 크기 때문이다. 연초에 놀던 직원들이 가을만 되면 티를 팍팍 내면서 일하는 것이 바로 평가자의 시간적 오류를 노리고 그러는 것일지도 모르겠다.

셋째, 유사성 오류(Similar to me Error)이다.

평가과정에서 평가자의 성격, 취미, 가치관 등과 비슷한 성향을 가진 피평가자들에게 호의적 평가를 주고 싶어지는 오류이다. 사람들은 누구나 본인과 비슷한 사람에게 일체감을 느끼고 호감을 느끼기 마련이다. 가령 팀장의 정치 성향이 강한 진보 성향인데, 특정 팀원의 정치 성향이 극단적인 보수라면 해당 팀원은 자신의 정치 성향을 사석에서라도 드러내기 어렵다. 본인의 정치 성향이 평가에 부정적인 영향을 미칠까 봐 걱정되기 때문이다. 마찬가지로 팀장이 애연가인 경우, 하루에도 몇 번씩 팀장과 함께 담배를 피우는 동료가 인사평가를 잘 받게 되면 본인이 담배를 피우지 않아 손해 봤다는 생각을 들 수도 있다.

다시 얘기하지만 팀장도 사람인 이상 인사평가 과정에서 실수를 범할 수밖에 없다. 직원 개개인에게 인사평가가 삶에 미치는 영향이 큰 만큼 신중해야 한다. 인사평가에 진지하지 못한 팀장은 팀원들의 신뢰를 얻을 수 없다. 그리고 인사평가에서 나타날 수 있는 오류들은 팀장 본인의 노력에 따라 충분히 예방할 수 있음을 명심하고 평소에 꼼꼼히 챙기자.

공정한 인사평가

'인사평가'는 인사고과평가, 근무성적평정, 수행능력평가 등 조직 특성에 따라 불리는 표현들이 다양하다. 영어표현도 마찬가지다. Personnel Evaluation, Performance Appraisal, Performance Review처럼 말이다. 공정한 인사평가 팁에 앞서 평가와 관련된 영어 어원을 통해 인사평가가 의미를 한 번 더 짚어보자.

Personnel(직원)	• 사전적 정의는 'The people who are employed in a company, organization, or one of the armed forces'로 회사나 조직 또는 군대에 고용된 사람을 뜻한다. • Person(사람)이 사적인 영역의 '사람'이라면 Personnel(직원)은 조직 속에 속해 있는 개인을 일컫는 표현이다. • 인사평가의 대상인 Personnel인 것은 인사평가가 '사람 자체를 평가하는 것이 아니라 조직 속의 개인에 대해 평가한다'는 의미이다.
Evaluation(평가)	• Evaluate의 명사형 표현으로 Evaluation = ex (밖으로) + value (가치, 값) + tion (명사어미)로 구분해서 생각할 수 있다. • 평가 대상자가 가지고 있는 가치(Value)가 외부로 드러난 것을 판단 (Estimation)하는 것이 Evaluation(평가)이다.

Estimation(판단/추정)	• esteem(평가하다)이라는 말을 어원으로 한다.
	• 인사평가(Personnel Evaluation)를 하는 과정에서 실제로는 중요하게 진행하지만 정작 표현상으로 드러나지 않는다.
	• 인사평가를 과정형으로 보면 estimate하는 과정에는 '추정'이 따를 수밖에 없고, 평가에 대한 대략적인 '견적(예상)'이 어느 정도 가능함을 내포하고 있다. 이 과정에서 평가자는 평가대상자를 평가할 때 실제 성과보다 과대평가(Overestimate)할 수도 있고 과소평가(Underestimate)할 수도 있을 것이다.
esteem(존경, 존중)	• Esteem은 사람 가치에 대한 존중을 의미한다.
	• Estimate의 결과가 esteem(존경, 존중)으로 이어질 수도 있다.

어원을 찾다 보니 결국 요즘 직장인들이 가장 중요하게 생각하는 자아존중감(self-esteem)도 결국은 인사평가의 큰 영향을 받을 수밖에 없다는 걸 새삼 깨닫는다. 즉, 피평가자인 팀원들은 본인이 생각했을 때 평가자로부터 합리적인 평가를 못 받았을 경우 자존감에 상처를 입을 것이다.

'팀장들이 가장 출근하기 싫은 날이 언제일까?'

'반대로 팀원들의 궁금증이 연중 최고조에 달하는 날은 언제일까?'

그날은 인사평가 결과가 공개되는 날이다. 물론 승진 결과가 발표나는 날도 긴장되기는 해도 승진은 몇 년에 한 번씩 발생하는 이벤트지만, 인사평가는 매년 주기적으로 생기는 이벤트다. 인사평가 결과가 오픈되는 날이면 누구는 좋아서, 누구는 실망해서, 누구는 평가자를 증오

하는 마음으로, 누구는 평가자에 대해 감사하는 마음으로, 각자 다른 마음을 가지고 술자리를 갖는 걸 볼 수 있다.

때로는 인사평가 결과 때문에 돌발적인 사고들이 발생하기도 한다. 국내에서는 인사평가 결과에 불만을 품은 공무원이 근무지에 불을 지른 사건이 발생하기도 했고, 이웃 나라 일본에서도 인사평가에 불만을 품고 있던 직원이 송년회 자리에서 직장 상사의 머리에 술을 부어버리는 웃지 못할 사건이 언론에 등장하기도 했다. 평가권자가 긴장할 수밖에 없는 이유다.

그렇다면 인사평가의 핵심은 무엇일까? 바로 인식의 차이(Gap)를 최소화하는 것이다. 일 년간 만들어낸 성과에 대해 피평가자인 직원이 바라보는 인식과 회사와 팀 전체 관점에서 바라보는 팀장의 인식 차를 최소화해야 한다. 또한 피평가자가 기대하는 평가 수준과 평가자인 팀장의 마음속에 있는 평가 결과 예상에 대한 차이도 좁혀야 한다. 그러기 위해서는 팀원에게는 본인이 어떤 성과를 내고 어떤 역량을 갖추고 있는지를 피평가자가 스스로 충분히 관찰할 기회를 줘야 한다. 또 평가자인 팀장은 평가에 대한 기본지식은 물론 평가자로서의 소양을 갖추어야 한다.

팀장이 합리적이고 공정한 리더로 자리매김하는 데 도움이 되는 인사평가 팁을 세 가지만 제시해 보면 다음과 같다.

첫째, 측정할 수 있는 지표를 제시하라.

경영학의 대가 피터 드러커(Peter Drucker)는 인사평가와 관련된 명언을 남겼다. 'If you can't measure it, you can't improve it.' 즉, 측정할 수 없다면 개선도 할 수 없다는 말이다. 평가자인 팀장과 피평가자인 팀원이 서로 합의하여 인사평가에서 활용하기 위한 지표를 미리 만들었다면 평가과정에서 평가자는 개인적 편견에 사로잡히지 않을 수 있고, 피평가자는 본인 실적 이상의 평가를 기대하지 않게 될 것이다. 대개의 부서는 조직으로부터 측정할 수 있는 정량적 목표와 측정이 어려운 정성적 목표를 부여받는 것이 보통이다. 하지만 측정지표 없이 정성적인 내용으로만 팀원을 평가하는 경우도 많다.

영업부서는 개인별 기본목표(Basic Goal)와 확장목표(Stretch Goal)를 제시하는 등 성과를 측정하는 숫자가 구체적이다. 반면에 지원부서의 경우 개인별 업무를 측정 가능한 숫자의 형태로 관리하지 않는 경우도 많다. 업무 특성을 고려하지 않고 억지로 숫자를 부여하고 관리하는 것이 오히려 직원들의 창의성이나 업무의 질을 하락시킬 수 있는 있다는 우려도 존재한다. 다만, 이런 걱정은 직원들이 자발적으로 업무에 열심히 임한다는 것을 전제로 했을 때 가능한 생각이다. 가령 신사업개발 조직에서 일하는 직원들에게 실리콘밸리 스타일의 근무 자유도를 부여하더라도 분명 어딘가에는 측정 가능한 업무영역도 존재할 것이다. 즉 우수 사업모델을 벤치마킹하는 노력, 잠재적인 사업모델을 만들고 사업계획서를 완성한 숫자, 또는 사업개발 과정에서 언제까지 어떤 수준까지 사업을 만들겠다는 등의 활동에 대해서는 직원들과의 진지한 토론을 거쳐 측정 가능한 평가모델을 만들 수도 있다.

둘째, 과정을 중시하라.

평가 결과가 본인의 연봉인상률이나 성과급에 반영되거나 승진 여부에 중요한 자료로 활용되다 보니 좋은 평가 결과를 얻기 위해 본인의 목표달성에만 집중하는 현상이 나타나기도 한다. 하지만 인사평가를 성과, 즉 결과만으로 결정한다면 팀은 모래알 조직이 되기 쉽다. 또한 오늘의 성과가 내일의 리스크로 변질될 가능성이 높다. 왜냐하면 성과를 만들기 위해 업무를 추진하는 과정상 부딪히거나 예견되는 각종 리스크를 제대로 검토하거나 해소하지 않고 '올해 인사평가 시점까지만 문제가 안 터지면 돼'라는 이기적인 생각으로 업무를 추진하기 때문이다. 또 시간이 갈수록 동료들과의 협업에 인색해지고 정작 본인의 업무를 진행함에도 자신만의 성과를 만들고자 주변에서 도움을 주겠다고 해도 마다하는 상황까지 생기기도 한다.

팀의 리더인 팀장의 가장 큰 사명은 자신의 팀을 원팀(One Team)으로 만드는 일이다. 만약 팀장이 결과만을 중시하는 모습을 보이면 팀원들은 앞만 보고 달리는 경주마가 돼, 옆의 말이 쓰러져도 아랑곳하지 않는 이기적인 조직이 될지도 모른다. 팀장은 인사평가 시, 업무를 수행하는 과정에서 나타난 부분에 대해서도 평가에 명확히 반영하고 업무 과정에서의 동료나 타 부서와의 협업에 대해서도 가치를 두어야 한다.

셋째, 인사평가의 오류에 빠지지 말라.

앞서 여섯 가지의 대표적인 인사평가 오류 유형을 설명하였다. 팀장 본인의 주관적 관점으로 인한 관대화 오류, 연공 오류, 평균화 오류를 범할 수 있다고 했으며, 스스로 인지하지 못하는 와중에 빠지기 쉬운 후광 효과, 시간적 오류, 유사성 오류로 인해 평가가 왜곡될 수 있다고 강조했다. 이런 인사평가의 오류들이 쌓이게 되면 팀원들의 신뢰를 잃을 뿐 아니라, 팀장 본인의 자리도 위태로워질 수 있음을 명심해야 한다.

에필로그

닫는 글

> 66
>
> 어쩌면 사무실 책상을 빼는
> 그날까지 모를지도 모른다.
>
> 99

1,051명. 삼성전자의 상무 이상 임원의 숫자이다. 2020년 5월 중앙일보 기사에 따르면 삼성전자의 상무 이상 임원 비중은 0.98%라고 한다. 이들의 평균연봉은 일반 직원의 6배 수준인 6억 원이 넘고, 별 중의 별이라고 할 수 있는 삼성전자 등기임원 4명으로 폭을 좁히면 평균 연봉이 30억 원에 달한다고 한다. 그야말로 기사 속의 이야기다. 현실에서는 회사 또는 조직별로 승진체계는 다르겠으나, 대기업을 기준으로 보면 임원이 되는 것이 군대에서 별 달기만큼이나 어렵다는 것에 대해 이의를 제기할 수는 없을 것 같다.

사실 대부분의 회사원들은 진정한 임원의 재미(?), 임원의 쾌감(?), 임원의 보람(?), 임원의 실상(?), 임원의 외로움(?), 임원의 세금(?)에 대해서는 모르고 회사를 떠날 확률이 매우 높다.

이 글을 쓰고 있는 나 역시 이 회사에서 임원이 될 가능성은 꽤 희박하다는 것을 알고 있다. 그래도 이 글을 읽은 독자 분들은 너무 실망하지 말았으면 한다. 최소한 이 책을 집어 들 정도의 분들이라면 현재 임원 생활을 하는 사람들보다 젊을 확률이 매우 높다. 아무리 돈이 좋고, 명예가 좋다 한들 젊고 건강한 것보다 나을 수는 없는 법이다.

몇 년 전, 한겨레신문에서 '대기업 임원 되면 필요 없어지는 3가지'라는 기사를 읽었다. 그 세 가지는 외투와 우산, 그리고 가방이라고 한다. 회사에서 기사가 딸린 차를 제공해줘서 집 앞에서 회사까지 회사 차로 가니 추위를 느끼거나 비 맞을 일도 없는 것이다. 또 독립된 방이 생기므로 굳이 무거운 가방을 들고 다닐 필요도 없다.

물론 새로 생기는 것은 더 엄청나다. 임원이 아닐 때와는 비교할 수 없는 수준의 연봉과 늘어난 법인카드 한도, 그리고 골프장 회원권과 같은 물질적 변화 등 부(富)와 격(格)의 변화가 상당하다. 반면 언제라도 고용계약이 종료될 수 있다는 불안감과 같은 심리적 변화도 상당한데, 실제 위의 언급된 기사에서도 국내 10대 기업의 평균 임원 재직기간이 2.97년으로 3년이 채 되지 않는다고 한 걸 보면 심리적인 스트레스도 매우 클 것이다.

2020년을 살아가는 우리 직장인에게 '임원은 한번 달아보고 그만둬야지'라는 생각은 참 구시대적이고 어리석은 생각일지도 모르겠다. 출산율 저하로 생산가능인구가 줄어들면서 정년연장 얘기가 선거철이면 빠지지 않고 등장한다. 또 '직장인 괴롭힘 법'이나 '52시간 근무제'로 평범한 회사원으로 워라밸을 즐기며 살 수 있는 여건은 더욱 좋아지고 있다. 반면, 안타깝게도 한 시대를 함께 살아가는 자영업자분들은 최저임금 인상이나 임대료 상승 등 걱정거리가 줄어들 기미가 도저히 보이지 않는다. 이런 면에서 보면 회사라는 울타리에서 장기근속하는 것이 회사원에게 제일 좋은 삶의 방향일지도 모르겠다. 그래도 당신이 어느 순간에 팀장이 되어 회사 내에서 임원이란 자리가 가시권에 들어왔다면 적극적으로 도전해 봐야 하지 않겠는가? 해외 출장을 한번 가더라도 새벽부터 커다란 트렁크를 끌며 턱 높은 보도블록을 무수히 지나 공항버스에 몸을 싣고 이코노미 좌석에 앉아가는 것보다, 새벽 집 앞에 대기한 회사 차를 타고 공항에 가서 라운지와 비즈니스클래스의 안락함을 누리는 게 더 폼 나지 않겠는가?

기왕에 팀장 자리까지 올라섰다면 우선은 버티고, 더 높이 올라가는 것을 도모해 보길 권한다. 당신에게 주어진 팀장이라는 기회의 시간이 별로 많이 남아있지 않을지도 모른다. 과거에는 40대가 임원이 되면 뉴스감이었지만, 이제는 주요 그룹에 30대 임원들이 생길 만큼 임원들의 나이는 점점 어려지고 있다. 앞서 얘기했던 것처럼 위아래로 고통받는 팀장생활은 최대한 짧게 하는 것이 좋다. 다만, 팀장 시절에 회사의 경영진으로 살아가기 위해 필요한 훈련을 제대로 해야 한다. 고작 팀장이란 견장을 찼답시고 올챙이 시절 생각 못 하는 개구리가 되어서도 안 되겠지만, 조직의 중간 리더가 되었음에도 팀원 시절처럼 일만 해서도 안 된다.

책의 전반부에서 엿본 팀장 케이의 좌충우돌 분투기와 후반부의 서바이벌 팁들을 활용하여 이 책을 선택한 당신은 회사에서 꽃길만 걷기를 진심으로 바라본다.

끝으로 사랑하는 가족들이 없었다면 이 책은 나올 수 없었을 것이다. 그동안 전자책만 출판했던 내게 '아빠 책은 어디 있어?'라고 묻는 딸에게 '응 아빠 책은 여기 있어!'라고 종이책을 쥐어 주고 싶은 마음에 책을 쓰기 시작했다. 팀장직을 그만두게 된 이후, 가족과 함께 할 수 있는 퇴근 후 시간과 주말의 상당 부분을 할애하여 이 책을 썼다. 나를 응원해주는 아내 덕분에 책을 마무리 지을 수 있었다. 끝으로 지난 18년간 우리 가족을 건사하게 해주고 좋은 글감을 제공해준 회사와 한 명 한 명의 소중한 인연들께도 고마움을 전한다.